내 머릿속
생각 끄기

체이스 힐 · 스콧 샤프 지음 | 송섬별 옮김

보이지 않는 세계가
내 세상을 망치기 전에

윌북

일러두기

- 원서의 'overthinking'은 '과잉사고'로 옮겼으며, '오버씽킹'으로도 표기했습니다.
- 이 책의 부제 '보이지 않는 세계가 내 세상을 망치기 전에'는 뮤지션 스윙스의
  〈원더월〉 인터뷰 내용에서 인용했습니다.

이 책은 과도하게 활성화된 정신을 극복하는 방법을 소개하고 논의한다. 우리는 한밤중, 아침, 혹은 온종일 두뇌에서 들려오는 정신적 수다와 소음 때문에 평화로운 삶을 방해받는다. 부정적 사고, 과잉사고, 과도한 걱정은 우울과 불안을 불러온다. 이 책은 어째서 우리가 원치 않는 과잉사고라는 증상을 진단받게 되는지, 또 과잉사고에 어떻게 대처하고, 어떻게 더불어 살아갈지를 다룬다. 정신적 소음이 가진 개별적인 측면들을 이해하고, 또 이를 조금씩 극복해나가도록 도와줄 여러 기법들도 소개하겠다.

낮에 있었던 일 때문에 걱정이 끊이지 않아 밤에 잠을 설치는가? 결정을 내릴 때마다 다른 결정을 할걸 하고 뒤늦게 후회하는가? 일이, 친구들과의 관계가 벅차다는 생각이 드는가? 이 책은 당신을 두려움을 해소하고, 완벽주의에 맞서고, 과잉사고를 극복할 수 있는 대담한 사람으로 만들어줄 것이다. 당신의 생각은 당신의 행동을 정의할 수 없다. 이 책에 등장하는 기법과 전략을 연습하면서, 당신은 정신적 수다가 어디에서 오는 것이고, 이런 수다를 어떻게 다뤄야 할지를 배우게 될 것이다.

이제 이미 지나간 일에 대한 걱정은 그만두고 지금 이 순간을 살아가자. 내일을 위해 살지 말고 긍정적인 마음으로 오늘을 한껏 누리자. 미래에 대해 지나치게 생각하지 말고 지금 당장 그 미래를 살아갈 수 있도록 커다란 변화를 이루어보자. 우리에게 약속된 것은 오로지 오늘뿐이기에, 지난번 모임에서 한 일을 후회하거나 다음 약속에서 할 일을 통제하는 데 집착하는 대신, 지금 당신에게 주어진 이 순간을 만끽하는 법을 배우자.

아마도 이 책에서 당신이 얻을 수 있는 가장 큰 교훈은 당신의 생각이 당신 삶의 결과물을 결정한다는 아주 단순한 사실일지 모른다. 아직까지는(특히 당신이 예전보다도 더더욱 머릿속 생각에 몰두하게 된 경우라면) 받아들이기 어려운 말일 수도 있겠지만, 지금 이 순간 당신에게 필요한 것은 현실 긍정을 배우는 일만이 전부일지 모른다. 이 책에서는 현재의 사고방식이 삶에 도움이 되지 않는 이유를 살펴보고, 긍정적인 사고가 어떻게 삶에 더 좋은 방향을 제시하고, 또 그 방향으로 나아가는 것을 어떻게 도와줄 수 있는지를 알아볼 것이다. 그러니 이제 정신이라는 덫에 갇혀 꼼짝도 하지 못하는 나날을 끝내고, 스스로 원하는 것을 주도적으로 찾아가자. 당신이 지금 있는 이 자리를 벗어나 가고자 하는 곳으로 갈 수 있게 만들어줄 지식과 구조가 존재한다. 그리고, 그 모든 것이 이 책 속에 담겨 있다.

1단계

우리는 왜 생각의 감옥에
갇히는 걸까?

· · ·

우리의 행복과 불행은
사물이나 사건이 객관적으로 무엇인지가 아니라
우리가 그에 대해 어떻게 느끼고 받아들이는지에 달려 있다.

쇼펜하우어

과잉사고란 어떤 생각을 도저히 머릿속에서 떨칠 수가 없고, 통제할 수 없는 상태, 또는 침투적인 사고가 사라지지 않는 상태를 뜻한다. 과잉사고는 당신을 둘러싼 모든 일에서 최악의 시나리오를 상상하는 것, 정신을 가득 메운 강박적인 사고들 때문에 어떤 생각도 행동도 할 수 없는 상태다. 어떤 상황에서든 일어날 수 있었던 일, 일어났어야 하는 일, '만약에' 같은 가정에 집중하는 것이 과잉사고다.

과잉사고를 하게 되면 사고의 악순환이나 사고의 패턴 속에 갇히고 만다. 두뇌의 긴장이 주 7일, 24시간 내내 풀리지도 않고 두뇌가 꺼지지도 않는 것처럼 정신적으로 소진되는 것이다. 주변의 모든 세상이 우리가 행하고, 원하고, 믿는 모든 일에 관해 생각하게 만들기 때문에, 우리는 자신의 정신 속에 쉽게 갇혀버리고 만다. 과잉사고는 스트레스, 불안, 우울을 비롯한 여러 기분장애를 유발한다. 생각을 멈출 수 없는 사람들은 책임감 때문에, 또 자신이 좋은 사람인지, 올바른 선택을 하고 있는지, 생산적인지 비생산적인지를 생각하느라 끊임없이 스트레스를 받는다. 우리의 사고는 우리가 누구인지, 어떤 사람이 되는지를 결정한다. 사고는 생각으로 이루어지고, 생각은 성격을 만들기 때문이다. 매일같이 해야 하는 생각이 이렇게 많으니 두뇌가 과열되는 것도 놀라운 일은 아니다.

당신이 과잉사고를 하는 사람인지 아닌지 스스로 알고 있을까? 그렇다고 생각하다가도, 다시 한번 생각하면 아니라는 생각이 들고, 그러면 또다시 '내가 모든 걸 지나치게 많이 생각하나?' 하는 똑같은 질문을 하게 된다. 어떤 사람에게 과잉사고는 그 사람이 살아가는 방법이나 다름없기 때문에 온갖 것에 대해 스트레스를 받지 않을 도리가 없다. 과잉사고는 한번 시작하면 통제하기도, 멈추기도 무척 어렵다.

과잉사고는
어떤 모습으로 나타날까?

정신의 덫에 걸려 꼼짝없이 과열된 상태가 되면 다음과 같은 신호들이 나타난다.

1. 불면

머릿속 생각을 도저히 꺼버릴 수 없는 사람들은 불면증을 겪는다. 온종일 피곤했다가도 자거나 쉬려고 눕자마자 잠이 달아나버린다. 아직 안 한 일, 하고 싶은 일, 이미 했지만 완벽하게 해내지는 못한 일들에 대한 생각이 정신을 온통 뒤덮는다. 당신의 마음은 당신이 통제할 수 없는 것들, 통제할 수 있었지만 그러지 못한 것들에 집착한다. 바로 그 순간 당신은 생각의 감옥에 갇혀버린다. 이것이 바로 과잉사고이며, 그 결과 불면증이 발생한다.

2. 불안한 생활

앞으로 일어날 일, 아직 일어나지 않은 일에 대해 모두 생각하고 계획하고 난 뒤에야 쉴 수 있다면, 그것 또한 당신이 머릿속에 갇혀버렸다는 신호다. 생각을 멈출 수 없는 사람들 대다수가 머릿속을 비우고 평화를 누리려고 약이나 수면제, 술에 의존하게 된다. 생각 때문에 불안하고 미지의 것이 두렵고 통제 욕구가 든다면, 이는 당신이 두려움 속에서 살고 있으며 정신의 덫에 갇혀 있다는 신호다.

3. 주변의 모든 것에 대한 과잉 분석

방금 전 이야기한 증상과 마찬가지로, 통제 욕구는 당신을 압도하는 것이며, 이는 과잉사고 습관을 이루는 주된 문제 중 하나다. 모든 것을 통제하려는 욕망은 당신이 미래를 계획하고 싶어 한다는 것을 의미하는데, 미래는 알 수 없는 것이다. 이 때문에 당신은 미래의 실패를 두려워하게 되고, 나쁜 일이 일어나지 않도록 지금 하고 있는 일에 집착하게 된다. 정신이 분주한 나머지 지금 이 순간을 살아가지 못하는 당신은 크나큰 불안감을 느낀다. 과잉분석 습관을 지닌 사람들은 변화를 잘 받아들이지 못한다. 변화란 계획대로 이루어지는 것이 아니기에, 통제할 수 없는 무언가를 맞닥뜨리는 순간 이들은 급격한 하향 곡선을 타고 굴러떨어진 것이다. 이런 습관은 다음에 할 행동 앞에서 우유부단하게 만들고, 의사결정 능력까지 약화시킨다.

4. 실패에 대한 두려움(일명 완벽주의)

완벽주의자 역시 통제를 좋아한다. 하지만 완벽주의자는 실수를 두려워한 나머지 모든 게 제대로 이루어질 수 있도록 프로젝트와 주변 환경마저도 통제하려 든다. 실수를 받아들이지 못하는 완벽주의자는 실수를 피하기 위해 온 힘을 다하고, 그 결과 중요한 결정을 내리지도, 좋은 기회를 잡지도 못한다. 실패할 위험을 감수하느니 차라리 아무 것도 안 하는 게 낫다고 생각해서다.

5. 지난 일에 대한 때늦은 후회

'통제광'은 실패를 엄청나게 두려워하는 완벽주의자이기에, 종종 어떤 일을 분석하고 재분석한 다음에 이미 일어난 일을 후회하고 또다시 다른 분석을 시작한다. 그러다 보면 그 무엇도 마음에 차지 않고, 이런 악순환은 반복된다. 변화를 받아들이지 못하는 사람이나 자기 자신을 완벽하게 믿지 못하는 사람은 잘못된 선택이나 결정을 내릴지도 모른다는 두려움 때문에 자꾸만 지나간 일에 대해 때늦은 후회를 하게 된다. 이런 사람은 정보를 받아들이는 데 두 배의 시간이 걸리는데, 다른 사람과의 지나간 대화나 행동을 추측하고, 그 대화를 제대로 해석했는지 아닌지 자문하기 때문이다. 당신이 이런 사람이라면 자신을 과잉사고를 하는 사람이라고 생각해도 좋겠다.

6. 두통

지난 일을 추측하면서 생각을 하고 또 하는 바람에 두뇌는 잠시도 쉬지 못하고 두통이 시작된다. 두통은 잠시 쉬면서 여유를 가져야 한다는 신호다. 또 몸과 마음을 이완시킬 전략을 취하거나 만들어야 한다는 신호이기도 하다. 두통은 몸의 긴장 때문에 생기기도 하는데, 이 역시 스트레스의 신호다.

7. 근육통과 관절통

과잉사고는 가장 큰 스트레스 요인 중 하나다. 자꾸 생각에 빠지게 되면 두뇌는 이를 일이 응당 이루어져야 하는 방식과 연관 짓고 그 결과 당신을 덫에 빠뜨린다. 이로 인해 압도적이고 부정적인 사고 패턴, 집요한 걱정, 불안, 강박장애를 비롯해 기분이나 스트레스와 관련한 증상이 생겨난다. 지나친 스트레스를 받거나 지나치게 많은 생각을 하면 신체 전반에 영향을 끼친다. 스트레스 요인이나 문제의 뿌리를 찾아 해결해야만 신체적인 아픔과 통증도 사라진다. 두뇌가 몸과 근육을 공격하면 정서와 기분 역시 영향을 받아 그 결과 기진맥진해지고 정신적으로 소진된 기분 또는 피로감을 느끼게 된다.

8. 피로

앞서 설명했듯 몸과 마음에게 버거운 일들을 얹어줄 때 우리는 피로감을 느낀다. 피로는 몸이 주는 번아웃 경고다. 신체뿐 아니라 정신적으로도 쉬지 않고 부단하게 움직인다면 번아웃은 반드시 일어난다. 마치 배터리가 필요한 전자제품을 매일같이 24시간 켜놓거나, 충전하지 않고 계속 사용했을 때 배터리가 닳아버리는 것과 똑같다. 피로는 당신에게 재부팅이 필요하다고, 휴식하지 않으면 에너지가 고갈될 거라고 알려주는 정신의 경고다.

9. 현재에 집중하지 못하는 것

다른 사람의 이야기에 귀를 기울이려 하지만 자꾸만 당신 머릿속의 생각 때문에 정신이 산만해진 적이 있는가? 아니면 사랑하는 사람과 보내는 이 순간에 집중하고 싶지만 필요한 것, 해야 할 일, 잊어버린 것(분명 있을 테니까)에 대해 집요하게 생각한 적이 있는가? 그건 당신이 생각이라는 근사한 세계에 갇혀버렸다는 뜻이다. 멋지지 않나? 글쎄… 지나친 생각은 삶에서 가장 중요한 일들에 집중하지 못하게 하고 이를 바라보지 못하게 만든다. 모든 걸 서둘러 해낼 필요는 없으니 여유를 가져야 한다는 것을 기억하라. 당신은 앞으로 살아야 할 삶이 더 남았으니까.

지금까지 살펴본 것처럼, 과잉사고의 증상이나 신호들은 서로 연결되어 있다. 예를 들면, 처음에는 과잉 분석과 지나간 일의 결과를 추측하는 것으로 시작하지만, 그 원인은 실패에 대한 두려움이고, 그것이 지속되면 알 수 없는 미래를 통제할 수 없어서 불안감을 느끼게 된다. 그러다 보면 두통과 근육통이 발생하고, 이 때문에 잠을 제대로 못 자 불면증과 피로에 시달리게 되는데, 그러고 나면 일들이 복잡해져 현재에 집중할 수 없게 되는 것이다. 과잉사고와 집요한 걱정은 통제하기 어렵지만 여전히 희망은 있다. 이 책을 끝까지 읽고 나면 정확히 어떤 변화가 필요한지, 그리고 결과를 두려워하지 않고 변화를 이루려면 어떻게 하면 되는지 알 수 있을 테니까. 이 책이 성가신 생각들을 떨쳐버리고 더 나아지기 위한 포괄적인 안내서라고 생각하며 읽어주길 바란다.

과잉사고가
작동하는 과정

만약 세상에 생각을 멈추게 할 수 있는 물건이나 능력이 존재한다면 당신 역시 그 기회를 덥석 잡지 않을까? 당신이 더 많이 쉴 수 있고, 당신의 정신이 고요하고 평화로울 수 있다고 상상해보자. 불가능한 일이 아니다. 그런데 그러기 위해서는 참을성, 추진력, 의욕, 그리고 회복탄력성이 필요하다. 이후 과잉사고와 걱정을 완전히 그만둘 수 있는 이런 기법들에 대해 더 자세히 이야기할 테지만, 지금은 우선 과잉사고를 멈추는 법에 대해 간략하게 알아보자.

　하룻밤 사이에 생각을 잠재우는 기술을 마스터할 수 있는 사람은 그리 많지 않으므로 참을성을 가져야 한다. 또, 실패할 가능성이 있더라도 꾸준히 연습하면 점점 쉬워진다는 사실을 알려면 회복탄력성이 필요하다. 날마다 정신을 고요하게 안정시키는 법을 연습하면서, 당신은 내면의 평화와 마음챙김의 삶을 향해 한 발짝 내딛게 된다.

그 누구라도 때때로 생각이 많아질 수 있기에 단지 생각이 많은 것은 아무런 문제가 없다. 과잉사고가 문제가 되는 건 그것이 매번 전개되는 패턴이 되어 당신의 일상생활을 무너뜨리기 시작하는 순간이다. 파괴적인 과잉사고는 다음 두 가지 사고 패턴과 연관된다.

반추Ruminating: 과거를 끝없이 다시 생각하는 것

반추적 사고는 통제할 수 없는 일이나 당신이 집착하는 과거의 사건에 관해 지나치게 많이 생각하는 것이다. 이렇게 생각을 곱씹다 보면 다른 사람의 행동이나 말에 과도한 의미를 부여거나, 자신이 선택이나 행동을 후회하면서 생각에 덫에 빠진다. 예를 들어, 당신은 회의에 참석해 어떤 주제에 대한 의견을 밝혔다. 회의가 끝난 뒤 당신은 '그런 말을 하지 말걸' 하는 생각이 들어서 그때 할 수 있었을 다른 말에 대해 집요하게 생각한다. 이러한 반추적 사고는 부정적 사고를 유발한다. 예를 들면, 누군가에게서 들은 부정적인 말에 대해 생각하다가 당신이 그 생각 이전에 한 어떤 행동과 연관 지어 그 말을 믿게 되는 것이다. 친구나 동료에게서 당신이 성공하지 못하리라는 말을 들었던 것을 떠올리다가, 서서히 그 말을 믿게 되는 것처럼 말이다.

집요한 걱정 : 미래를 부정적으로 예측하는 것

당신은 혼자 가만히 앉아 있다가 내일로 예정된 발표를 잘 해내지 못할 거라고 스스로에게 말할지도 모른다. 아니면, 가만히 앉아 있다가 당신은 그리 괜찮은 사람이 아니며, 이 때문에 배우자나 파트너가 다른 사람을 만날 수도 있다고 생각할지도 모른다. 당신은 스스로를 믿지 못하고, 그래서 앞으로의 일에 자신이 없어진다. 알 수 없는 미래가 두렵기 때문이다.

생각이 너무 많은 사람들은 최악의 시나리오를 상상한 다음 그런 '비전'에 근거해 불안해진다. 부정적인 사고, 걱정, 부정적인 결과나 경험을 반추하는 것도 문제지만, 어떤 장면을 머릿속에 사진처럼 생생하게 그려보는 것 역시 문제다. 예를 들어, 당신은 학교에 자녀들을 데리러 가야 한다. 아이들이 학교 건물을 나서서 당신을 기다리기 시작할 때까지 5분이라는 시간 여유가 있다. 그런데 학교로 가던 당신의 차가 고장 나서 전화로 도움을 요청해야 하는 상황이 일어난다. 그때 당신의 마음속에 자녀들이 보호자 없이 기다리다가 낯선 사람에게 납치당하는 장면, 즉 '비전'이 그려진다. 그 순간 당신은 불안해지고, 정신의 농간 때문에 스스로 나쁜 부모나 양육자라고 믿게 된다. 이런 것이 바로 과잉사고가 만들어내는 정신의 덫이다. 이런 일이 일어나면 하던 일을 멈추고 잠시 시간을 가지고 상황을 돌아보자. 그다음에는 차를 수리

해줄 사람에게만 전화하는 것이 아니라 당신 대신 자녀들을 데리러 가줄 다른 누군가에게도 전화를 하자. 잠시 상황을 돌아보는 시간을 갖고 최상의 시나리오를 떠올린다면, 비이성적이고 일어날 가능성도 거의 없는 최악의 상황을 생각하며 스트레스를 받지 않을 수 있다.

과잉사고 다루는 법

여러 연구가 과잉사고는 정신건강 문제와 수면 부족으로 이어지고, 대응 기제로 술이나 약물 사용으로 이어진다고 주장했다. 그러니 반추적 사고와 과도한 걱정에 종지부를 찍는 방법을 어서 알아보자. 평화와 고요, 더 편안한 밤을 위해 다음 전략들을 연습해보자.

1. 과잉사고를 하고 있음을 인지한다.

자기인식을 연습하자. 이 연습을 하면 불필요한 생각들이 스멀스멀 떠오르는 순간을 알아차릴 수 있다. 당신의 트리거trigger가 무엇인지, 과잉사고 습관에 빠져드는 첫 신호가 무엇인지를 아는 것이 악순환을 벗어나는 첫 단계다. 통제할 수 없는 일에 집착하거나 과거의 일 때문에 스트레스를 받는 자신을 인지하자. 그리고 이런 생각들을 인식한 다음 불안해하거나 판단하지 말고 있는 그대로 받아들이자. 걱정스러운 일들에 대해 생각할 시간을 10분간 허락해주겠다고 스스로에게 말하고 타이머를 맞춰라. 이런 사고방식은 생산적이지 않으며 아무것도 바꿀 수 없다는 사실을 깨닫고 나서 다음 걱정으로 넘어가자. 이 과정을 모두 완수한 뒤에는 심호흡을 한 다음 다른 데로 주의를 돌린다.

2. 자신의 사고에 도전한다.

자신의 사고에 도전하는 것은 당신을 가둬놓는 부정적인 과잉사고 패턴을 벗어날 수 있는 생산적인 방법이다. 지각을 했기 때문에 회사에서 잘릴 거라는 생각이 든다거나, 집세를 늦게 내서 노숙인 신세가 될지도 모른다는 생각이 든다면, 한 발 물러서자. 아직 일어나지 않은 일에 대해 걱정하고 있다는 사실을 인지하고 최상의 시나리오를 떠올려보자. 자꾸만 최악의 시나리오가 머리를 떠나지 않는다면, 우선 최악의 사태를 막기 위해 할 수 있는 일이 무엇이 있는지 생각해보라. 예를 들어, 알람이 울리지 않는 바람에 회사에 지각을 하게 되었다면, 머릿속을 괴롭히는 생각에 귀를 기울이며 허둥지둥하는 대신 당신의 사고에 도전하라. 할 수 있는 것이 무엇이 있는지 스스로에게 묻자. 조금 늦는다고 회사에 전화할 수 있을까? 간신히 제시간에 도착할 수도 있을까? 이런 일이 다시 일어나지 않게 하려면 어떻게 하면 될까? 스트레스를 받아 가며 완벽해지려고 하는 게 그만한 가치가 있는 일일까? 세상에 완벽한 사람은 없다는 사실을 인지하고 또 이해하자. 한 발 물러나 논리적으로 생각하면 많은 일들을 더 쉽고 빠르게 처리할 수 있다는 사실을 알게 된다.

3. 문제 해결에 집중한다.

자신의 생각에 도전하는 것과 비슷하게, 문제를 해결하는 방법들을 찾아보자. 문제를 해결하면 되는데 뭣 하러 문제에 계속 사로잡혀 있겠는가? 어떤 일이 **왜** 일어났는지 자문하지 말고, **어떻게** 해결할 수 있을지를 자문하자. 문제와 스트레스 요인에 관해 해결책을 단계적으로 생각해볼 때, 두뇌는 당신의 통제하에 움직이게 되고, 연습을 거듭할수록 자연히 문제를 더 효율적으로 해결할 수 있게 된다. 문제가 생겼다고 해서 스스로를 괴롭히는 대신 좀 더 여유를 가지고 시간을 들여 문제를 인지하자. 해결책을 찾아보고, **어떻게** 상황을 바꿀 수 있을지 자문하자. 바꿀 수 없는 상황이라면 잊어버리고 다른 일에 집중하자.

4. 마음챙김mindfulness을 배우고 연습한다.

마음챙김이란 우리를 이 순간에 존재할 수 있도록 도와주는 탁월한 기법이다. 지금 당신이 존재하는 현재에 집중하는 게 마음챙김이다. 지금 이 순간, 이 공간, 이 존재 말고는 그 무엇도 중요하지 않다는 것, 당신과 당신의 생각은 하나라는 것이 마음챙김의 가르침이다. 생각해보자. 의도적으로 지금 여기에 온 정신을 쏟고 있으면 과거나 미래를 생각할 수 없다. 과거를 후회하면서 과거에서 빠져나오지 못하고 있거나, 다가오지 않은 미래 때문에 불안하다면 의도적으로 현재에 존재하는 연습을 해보자. 마음챙김을 연습하면 과잉사고와 부정적 사고를 줄이는 데 큰 도움이 된다.

5. 채널을 바꾼다.

만약 내가 당신에게 분홍 구름 위에서 폴짝폴짝 뛰는 보라색 코끼리를 생각하지 **말라고** 한다면 당신은 어떻게 할까? 코끼리를 생각하지 않으려 아무리 애써도 코끼리의 색깔과 코끼리의 움직임이 자꾸 생각날 것이다. 무언가를 하지 않으려 노력할 때도 마찬가지 일이 일어난다. 무언가에 대해 생각하지 말자고 마음먹으면 역효과가 날 수밖에 없다. 그러니 생각을 멈추려 하는 대신 지금 떠오르는 생각을 있는 그대로 받아들이자. 그리고 운동을 한다거나, 친구에게 전화를 걸어 가벼운 잡담을 던진다거나, 아니면 친구의 말에 귀를 기울이며 주의를 다른 데로 돌려보자. 다른 사람, 다른 일에 집중하고 있을 때는 과잉사고나 걱정이 아닌 다른 일에 시간을 쏟게 된다. 당신의 생각을 상징하는 그림을 그려보자. 일기를 써보자. 당신이 지금 느끼는 기분과 어울리는 다른 단어들을 찾아보자. 스크래블 게임을 하거나, 집 안에 있는 다른 사물들과 상호작용 해보자. 때로 집 안을 벗어나 밖으로 나가기만 해도, 아니면 당신이 있던 장소를 벗어나기만 해도 주의를 딴 데로 돌릴 수 있다. 이는 과도하게 활성화된 정신을 '재부팅'하는 전략이기도 하다. 이 전략에 대해서는 나중에 다시 이야기해보기로 하자.

결론적으로, 이런 기술들을 연습하면 할수록 정신을 고요하게 다스리는 데 더 능숙해질 수 있다. 정신이 고요해지면 심사숙고하는 일도 더 잘할 수 있다. 또 심사숙고를 할 수 있을 땐 부정적 사고의 방해를 받지 않고 효율적인 결정을 내릴 수 있다. 그렇게 시간이 흐르면 마침내는 당신의 정신이 불필요한 걱정들을 저절로 끊어내게 되고, 스트레스가 줄어들어 문제 해결 능력도 나아진다.

과잉사고는
장애일까?

과잉사고는 내면에 숨겨진 문제 때문에 일어나는 경우가 많은데, 우울증과 같은 기분장애나 불안장애의 주요 원인이 된다. 이는 자신의 정신에 사로잡혀 있을 때 우리가 그것을 통제할 수 있다고 믿으며 끊임없이 그 문제를 생각하기 때문이다. 하지만 실제로 그 문제를 통제할 순 없다. 지속적으로 부정적 사고를 하고, 이런 부정적 사고를 맴도는 사고 패턴을 통제할 수 없다는 생각이 들면 우울해진다. 과잉사고가 장애인지 궁금해하는 사람이 많은데, 대답은 '그렇다'이다. 또 예를 들어, 자신이 올바른 선택을 했는지, '맞는' 길을 가고 있는지처럼 지나치게 많은 것들을 걱정하는 사람도 있다. 하지만 사실 '맞는' 것과 '틀린' 것은 존재하지 않으며, 그런 판단은 우리가 마음속에서 그러한 믿음을 고착시키고 맞거나 틀린 목표를 달성하려 애쓸 때 생겨나는 것이다. 예를 들어, 타인의 가족을 처음 만나는 자리에서 우리는 '내가 **맞는** 말을 했나?' 또는 '내가 **올바른** 인상을 줬을까?' 생각할 수 있다. 그러나 현실에서 그 가족은 당신의 판단에 근거해 당신을 생각하거나 판단하지 않는다. 즉, 세상에 '옳고 그른' 것은 없다. 태도나 믿음의 '옳고 그름'을 판단하고자 하는 생각이 들면, 이 순간에 집중하며 의식적으로 마음챙김을 실행하자.

과잉사고에 완전히 사로잡혀 일상을 제대로 살 수 없다면 과잉사고는 장애가 된다. 일을 끝마치지 못할 때, 실수를 두려워할 때, 과잉사고는 장애가 되고, 나아가 불안, 우울을 비롯한 다른 기분장애가 뒤따른다. 하지만 당신이 매일같이 똑같은 걱정을 하기는 하지만, 그 걱정이 당신이 하는 결정에 영향을 미치지는 않는다면, 꼭 당신이 과잉사고 장애가 있다고 보기는 어렵다. 늘 당신 자신과 당신의 인생, 건강, 가족, 친구 등등을 걱정하는 것 역시 과잉사고 장애의 신호는 아니다. 타인의 삶이며 타인의 걱정, 두려움에 대해 걱정하거나 지나치게 신경을 쓰는 것 역시 단순히 당신이 공감능력이 뛰어난 성격 때문일지도 모른다. 그렇다면 당신에게 과잉사고 장애가 있는지 아닌지 어떻게 알아볼 수 있을까? 다음 증상 중 해당되는 것이 하나 이상이라면 과잉사고 장애를 겪고 있을 가능성이 있다.

- 자신을 타인과 비교하고, 스스로에게 지나치게 높은 기대를 가지기에 타인의 판단에 의문을 가진다. 본연의 모습 그대로 자신감을 갖지 못하고, 타인이 눈에 어떻게 보일지를 끊임없이 걱정한다.
- 삶의 모든 상황에서 최악의 시나리오를 생각한다. 최악의 일이 일어나리라 생각하거나 상상하고, 마침내는 세상 모두가 '나를 괴롭힌다'고 생각하게 된다.
- 실패나 실수를 극복하지 못한다. 이렇게 했더라면 달랐을

텐데, 이런 말을 할걸 또는 하지 말걸, 무언가를 했어야 했
는데 같은 생각을 끊임없이 하고, 이 때문에 불안감과 초조
함에 시달린다.

- '비현실적인' 목표를 세운 뒤 목표를 영영 이루지 못할 거라
고 생각한다. 실제로 달성할 수 있는 목표를 결코 세우지 않
으며, 이 때문에 압도당하는 기분을 느끼고, 결국 목표를 위
해 아무런 노력도 하지 않는다.
- 과도하게 활성화된 정신을 멈출 수가 없어서 늘 피곤하고
스트레스를 받는 상태다.

이런 증상들이 당신에게 해당된다면, 전문가를 찾아 우
려되는 점을 해결하는 것이 최선이다. 의사나 심리치료사 같
은 전문가가 대처 방법을 비롯해 과잉사고를 다스릴 수 있는
방법을 알려줄 것이다. 만약 위와 같은 증상들이 있다면 타인
의 말에 온전히 귀를 기울이지 못해 소통 문제가 있을 수 있
고, 취미나 흥미를 즐기기 어렵거나, 집착적이고 완벽주의적
인 특성 때문에 업무를 생산적으로 해내지 못할 수도 있다.

지금까지 과잉사고가 무엇인지, 또 과잉사고를 유발할
수 있는 원인들이 무엇인지 알아보았다. 하지만 이 책을 읽어
가다 보면 과잉사고를 유발하는 또 다른 증상과 원인들 역시
더 자세히 이야기를 나누게 될 것이다. 다음 단계에서는 범불
안장애, 우울증, 강박장애의 증상들을 더 자세히 이야기해볼

텐데, 이런 기분장애들은 주로 과도한 걱정과 관련된 것이기 때문이다. 또, 당신이 이미 진단을 받았거나 그에 준하는 상태에 다다른 경우에 도움을 받기 위해 할 수 있는 일들에 대해서도 이야기할 것이다. 다음에서는 걱정에 대해, 또 두려움을 직면하는 것에 대해 이야기를 나누는 한편, 과잉사고를 하거나 지나친 걱정에 시달릴 때 두뇌가 어떻게 작용하는지 자세히 설명해보려 한다.

2단계

우울, 불안, 강박 뒤의
오버씽킹 인식하기

. . .

우리는 현실보다 상상 때문에 더 자주 고통받는다.

세네카

적당한 걱정도 있지만, 지나친 걱정도 있다. 지나친 생각과 마찬가지로, 지나친 걱정 역시 과거, 현재, 미래에 관한 생각에 괴로워하며 통제할 수 없는 것을 통제하려 드는 것을 말한다. 이런 상황에서는 과중한 스트레스와 불안감을 느끼게 되고, 아주 사소한 것을 놓고도 끊임없이 불안해진다. 과도한 걱정을 하면 그 결과로 불안장애, 강박장애, 우울증이 생겨날 수 있다. 우리는 문제를 해결하고 해답을 찾지 못할 정도로 두려움 자체를 무서워하고 이 때문에 두려움을 극복하기 어려워한다. 생각을 너무 많이 하는 사람과 걱정을 너무 많이 하는 사람 사이에는 차이가 있다. 걱정은 두려움에서 나오는 반면 과잉사고는 부정에서 나온다. 이 둘의 차이를 알아보자.

두려움

걱정은 자기의심, 그리고 미지의 것에 대한 끊임없는 두려움을 유발해 우리 삶에 일어나는 변화를 받아들이고 마주하기 어렵게 만든다. 두려움은 우리를 안전하게 지키려고 정신 속에 가둬버리고, 이 때문에 우리는 원하는 일을 하지 못하게 된다. 하지만 두려움은 환상일 뿐이다. 변화와 미지의 것을 두려워한다면, 승진, 새로운 사람과의 만남, 그리고 우리 자신을 더욱 잘 알아갈 수 있는 기회처럼 눈앞에 놓인 기회들을 놓치게 된다. 두려움, 그리고 두려움을 더 잘 통제하는 법에 대해서는 나중에 다시 이야기해보자.

부정

우리는 대체로 우리가 원하는 것을 부정하며, 불편함과 고통스러운 감정을 견뎌야 할 때 스스로를 보호하고자 부정에 매달린다. 부정에 대처하거나 타인들로부터 오는 부정을 견디는 과정에서 진실을 마주하지 않을 수 있도록 약물, 술, 처방약, 운동, 일처럼 정신을 분산시킬 것을 찾기도 한다. 한편, 이와는 다르게 생각에 매달리는 사람들도 있는데, 그들은 결국 어떤 사실을 있는 그대로 받아들일 수 없거나 너무 받아들이고 싶어한 나머지 과잉사고를 하게 된다.

생각을 단단히 붙들지 않으면 과도한 걱정을 하게 되고, 따라서 스트레스가 더 늘어나는데, 과도한 스트레스는 정신건강 문제의 주요 원인이다. 다음에서는 더 구체적인 정신건강 문제를 다룰 것이다.

범불안장애

범불안장애GAD: Generalized Anxiety Disorder는 특정한 무언가에 두려움을 느끼는 게 아니라, 과잉사고 패턴으로 인해 거의 모든 것에 두려움을 느끼는 장애다. 걱정과 두려움이 삶을 사로잡아 건강하고 효율적인 행동을 어렵게 만든다. 물론, 생산적 걱정을 하는 사람들도 있다. 생산적 걱정이란 생각을 하고 이를 알아차리고, 다시 생각하고 놓아주는 것이다. 이런 방식이 더 건강한 이유는 걱정이 정신을 온통 사로잡지 않으므로 여전히 하고 싶은 일을 할 수 있기 때문이고, 통제할 수 없는 것에 대한 압도적인 두려움을 느끼지 않기 때문이다. 이런 사람들은 걱정이 아무 것도 바꿀 수 없다는 사실을 알기에 쉽게 다른 데로 주의를 돌리거나 다른 것들을 생각할 수 있다. 반면 범불안장애는 완전히 다른 효과를 낸다. 범불안장애를 겪는 이들은 걱정과 침투적 사고에서 벗어나기가 무척 어렵다. 이들은 어떤 상황에서건 최악의 사태를 상상하고, 두뇌와 몸이 지나치게 스트레스를 받은 결과 '불안 발작'이라는 증상을 겪게 된다. 불안장애를 겪는 이들은 불안을 다스리고 현재의 순간에 집중하는 것이 극도로 어렵다.

다음 증상들이 있다면 범불안장애를 겪고 있을 가능성이 있다.

정서

- 과도한 걱정과 침투적 사고를 누그러뜨릴 수도 통제할 수도 없다.
- 매일같이 찾아오는 침투적 사고와 부정적인 사고를 무슨 수를 써도 피할 수가 없다.
- 불확실성과 변화를 감당하지 못한다. 미래에 일어날 일을 알고, 계획하고 통제해야 한다.
- 걱정이 커지면 갑작스러운 두려움이나 공포를 느낀다.

행동

- 늘 편안하지 않고 긴장된 상태이며 혼자만의 시간을 즐기거나 느긋해질 수가 없다.
- 주어진 과제, 업무, 학교에 집중하지 못한다.
- 걱정에 사로잡혀 압도되는 기분을 느끼는 바람에 약속이나 '해야 할 일'을 자주 미루거나 취소한다.
- 특정 상황에서 불안 발작이 닥쳐오기에 생각에 짓눌릴 것이 두려워 외출을 하거나 특정 상황에 들어가는 것을 피한다. 어떤 행사 이전에 생각을 너무 많이 하기 때문에 불안감을 유발할 수 있는 장소에 가지 않거나 행동을 하지 않는다.

신체

- 끊임없이 근육통과 관절통을 느낀다. 몸이 매일같이 긴장 상태다.
- 정신이 지나치게 활발하기 때문에 거의 매일 잠이 오지 않고 불면증에 시달린다.
- 늘 과민하거나 안절부절못하고 잘 놀란다.
- 복통, 구역감, 설사, 변비 같은 위장 문제에 시달린다.

지금까지 이야기한 증상들은 극복하기 힘들어 보일 수도 있지만, 다행히도 올바른 지도와 도움이 있다면 대처하는 방법을 찾을 수 있다.

강박장애

과도한 걱정이 유발할 수 있는 또 다른 장애로는 강박장애 OCD: Obsessive-Compulsive Disorder가 있다. 강박장애는 불안장애에서 기인하는 것이지만 자신의 사고와 걱정을 두려워하는 것이 아니라 그 특정 사고에 바탕을 둔 행동들을 반드시 해야 한다는 것이 그 특징이다. 예를 들면, 강박장애를 앓는 사람은 하루에 스무 번 손을 씻어야 한다거나 방 안에 있는 빨간색 물건을 전부 세고 난 뒤에야 다른 일로 넘어갈 수 있다는 식이다. 이런 행동을 통해 즐거움을 누릴 수는 없지만, 강박장애를 앓는 사람에게는 이런 행동이 불안감에 대처하는 나름의 방식이다. 강박장애의 특징은 원치 않은 침투적 사고로 인해 반복적인 행동 또는 숫자 세기, 노래하기, 씻기, 두드리기, 움직이기, 또는 사물을 특정 방식으로 배열하기 등 의식儀式과 같은 행동을 해야만 한다는 기분이 든다는 것이다. 이런 구체적인 작업이나 행동을 해야 된다는 충동이 들 때 그 일을 제대로 완수하지 못하면 공황에 사로잡힌다. 달리 말하면, 강박장애는 두뇌가 연습과 반복을 거치기 전까지는 특정 생각이나 충동에서 벗어나지 못하는 것이다. 마치 스크래치가 난 CD가 계속 재생되지 않고 튀는 것처럼, 자신의 생각이나 충동을 실행하기 전까지는 하루 일과를 이어가지 못한다.

다음은 강박장애를 의심해볼 수 있는 몇 가지 신호들이다.

생각

- 세균에 대한 공포를 느끼거나 감염되거나 타인을 감염시키는 것을 두려워한다.
- 자신과 주변 환경에 대한 통제를 잃을까 두려워하고 그 결과 자신이나 타인에게 상해를 입힌다.
- 통제할 수 없고 원치 않는, 성적이거나 폭력적인 불편한 이미지가 머릿속을 맴돈다.
- 종교나 도덕관념에 지나치게 매달린다.

우울, 불안, 강박 뒤의 오버씽킹 인식하기

- 무언가를 잃어버리거나 필요한 것을 두고 왔을까 봐 두려워한다.
- 미신에 집착한다.
- 모든 것에는 각자의 자리가 있으며, 모든 것이 특정하거나 특별한 방식으로 이루어져야 한다고 생각한다.

행동
- 가전제품, 자물쇠, 시계, 스위치를 자꾸만 다시 확인한다.
- 사랑하는 사람의 안전에 대해 과한 통제를 하려 하고 이 때문에 상대방의 안부를 자꾸 확인한다.
- 숫자 세기, 두드리기, 반복되는 단어나 문장을 말하는 등 비논리적인 방식으로 불안감을 줄이고자 한다.
- 의식에 가까운 방식으로 자신 또는 주변 환경의 청결을 유지한다.
- 두려움과 공황이 유발되지 않도록 반드시 정확한 방식으로 사물을 배열한다.
- 신문, 돌멩이, 식품 용기, 옷 같은 '쓰레기'를 집에 쌓아둔다.

강박장애는 본인도, 이를 지켜보는 타인도 견디기 힘든 일이지만, 그럼에도 도움을 얻을 방법은 존재한다. 이런 과도한 걱정을 멈추거나 이에 대처하는 방법에 대해 나중에 이야기해볼 텐데, 이런 전략과 도움들은 불안장애, 우울증, 강박장애에 관련된 장애들을 완화시키도록 도와줄 것이다. 우울증에 대해 말하자면, 이 또한 과도한 걱정이 유발할 수 있는 장애다.

우울증

슬픔과 우울증은 다르다. 우울증은 단순히 저조하거나 속상한 기분 그 이상의 것이다. 부정적인 생각이 통제할 수 없을 정도로 치달아 세상을 오로지 부정적으로만 바라보게 되는 것이 우울증이다. 부정적인 사고방식이 커져버린 나머지 도저히 빠져나갈 수 없다는 생각이 드는 지경에 이르고, 결국은 포기하고 더는 노력하지도, 신경 쓰지도 않게 되면 우울해진다. 아침에 몸을 일으킬 수가 없고, 평소 좋아하던 활동에도 흥미를 잃는다. 우울증은 식사, 잠, 일, 공부 같은 중요한 습관들을 공격해 삶의 방식을 무너뜨린다. 어떤 사람들의 표현대로라면 우울증에 걸린 사람은 삶에 아무 의미도 없고 무엇을 해도 행복해질 수 없다고 믿을 정도로 공허하고 절망적인 기분을 느낀다. 우울증의 정서와 증상을 알아보자.

정서와 증상
- 무력하고 공허한 기분. 헤어날 수 없는 흑백사고. 예를 들면, 그 무엇도 나아지지 않을 것이며, 이 사태를 막기 위해

우울, 불안, 강박 뒤의 오버씽킹 인식하기

할 수 있는 일이 아무것도 없고, 할 의지도 없다는 기분이 든다.

- 섹스, 취미, 사교생활처럼 평소 좋아하던 활동에 대한 흥미를 잃는다. 기쁨이나 즐거움을 느끼지 못하는 건 물론, 그런 기분이 필요하다 느끼지 않는다.
- 식습관 변화. 먹는 데 흥미를 잃고 체중이 줄거나, 기분을 나아지게 하려고 과식을 하고 체중이 는다.
- 수면장애. 불면증으로 인한 수면 부족, 또는 삶이 절망적이라고 생각하는 나머지 유발되는 과수면.
- 분노와 절망. 참을성이 줄고, 걸핏하면 화가 나고, 모든 것들이 심기를 불편하게 한다.
- 피곤하거나 진이 빠진다. 매일같이 머릿속에서 끊임없이 날뛰는 생각 때문에 속박된 기분을 느끼고, 수면이나 식생활 패턴 같은 습관 때문에 에너지를 잃는다.
- 낮은 자존감. 자신감이 없고 자기 자신은 물론 다른 상황도 최악으로 바라본다. 원치 않는 부정적 사고 때문에 지친 나머지 희망을 버리고, 나아지려는 의욕도 잃는다.
- 집중을 잘 못한다. 과도하게 활성화된 정신에 끊임없이 억눌리는 바람에 작업이나 의사결정에 집중하기 어렵고 기억력이 떨어진다.

우울증은 양극성장애와 혼동하기 쉬운데, 둘 다 비슷한 기분과 증상과 관련된 것들이기 때문이다. 하지만 양극성장애는 활기차고 들뜬 기분, 우울하고 저조한 기분을 둘 다 느끼는 것이다. 양극성장애를 가진 사람은 감정의 균형을 잡거나 꾸준히 '중립적' 기분을 유지하는 것이 어렵다. 또 양극성장애는 성격장애나 이인증성 장애와 혼동될 수 있다.

　　지금까지 살펴보았듯, 과잉사고는 과도한 걱정으로 전환되고 나아가 부정적인 사고 패턴으로 발전해 정신건강을 크게 해칠 수 있다. 지금까지 이야기한 장애의 증상들에 해당 사항이 있다고 느낀다면 의사의 도움을 받는 것이 가장 좋다. 하지만 그렇다고 해서 자신이 이런 증상을 가지고 있는지 아닌지에 관해 지나치게 걱정하거나 생각하지는 말도록 하자. 지금까지 그런 진단을 받은 적 없고, 이 책을 읽기 전까지는 이런 증상을 겪은 적이 없다면, 정신건강 문제를 걱정하지 않아도 될 가능성이 높다. 이제부터 우리의 두뇌에 어떤 일이 일어나는지, 걱정에 시달리느라 생기는 끊임없는 스트레스를 줄일 수 있는 건강한 습관은 어떻게 만들어갈 수 있을지 알아보자.

과도하게 활성화된(걱정으로 가득한) 뇌에서는 무슨 일이 일어날까?

과도한 걱정이 유발하는 증상들에 대해 조금 더 알아보았으니, 지금부터는 불안장애가 생기거나 매일같이 걱정으로 가득한 삶을 살 때 두뇌가 어떻게 작동하는지 알아보자. 장기간 스트레스를 받으면 실제로 두뇌에 변화가 생기고 두뇌의 생김새도 달라진다는 사실을 당신은 알고 있는가? 전문가들이 우울증에 걸린 사람과 우울증이 없는 사람의 뇌를 검사하고 비교해본 결과, MRI(자기공명영상) 촬영에서 우울증에 걸린 사람의 뇌는 다른 사람과는 약간 다르다는 사실이 밝혀졌다. 두뇌 속을 들여다볼 수 있는 장비인 MRI는 만성적 우울증을 앓는 사람의 두뇌는 해마의 크기가 더 작고 우뇌 피질이 더 얇다는 것을 보여주었다. 해마는 기억을 담당하는 부분이고 우뇌 피질은 기분을 담당하는 부분이다.

우울증이란 근본적으로 우리가 스스로를 향해 하는 말, 그리고 세상을 향한 시각이 부정적인가 긍정적인가에 달려 있다. 그래서 과도한 걱정으로 가득하다면 정신에서 보상을 처리하는 영역이 덜 활성화된다. 두뇌에서 보상을 처리하는 영역은 세로토닌이나 도파민같이 '기분 좋은' 수용체를 담당한다. 이 '기분 좋은' 화학물질이 있기에 우리는 취미나 새로운 만남, 새로운 사건에 들뜨는 것이다. 이 부분이 덜 활성화되면 기쁨을 느끼기 더 어려워진다.

걱정이 장기간 이어지면 세로토닌과 도파민 수준이 떨어져 우울과 불안 정도가 높아지고 만다. 이런 상태를 치료하지 않거나 의식하지 못하면, 상태는 점점 심각해져 더 많은 문제를 일으킬 수 있다. 각각의 화학물질들이 하는 일이 무엇인지 한 번 살펴보자.

세로토닌

세로토닌은 기분, 감정, 수면을 조절한다. 세로토닌은 우리를 들뜨게 하고 긍정적인 태도를 유지시키며 스트레스나 걱정을 덜 느끼게 만든다. 끊임없이 걱정하는 사람의 세로토닌 수준은 보통보다 낮을 수 있다.

도파민

도파민은 무의식적인 행동, 의식적 자각과 집중, 유쾌한 감정에 영향을 미친다. 성관계를 갖거나 운동을 하면 두뇌에서 다량의 도파민이 분비되는데, 이 때문에 이런 활동을 할 때 행복감을 느끼는 것이다. 도파민 수준이 낮으면 집중을 하기 힘들거나 '기분 좋은' 활동에 참여할 필요성을 느끼기 어려울 수 있다.

노르에피네프린

노르에피네프린은 경각심, 수면, 집중, 기분을 담당하는 화학물질이다. 위험 신호가 왔을 때 '투쟁-도피' 반응을 일으킨다. 우울증을 겪는 사람은 노르에피네프린과 세로토닌의 수치가 낮다고 알려져 있는데, 위험(스트레스)을 잘 통제하지 못하게 된다.

대부분의 사람들은 자동차 사고라든지 무언가로부터 도망치는 것처럼 위험한 상황에서 벗어나기 위해 우리의 몸과 마음에 불안감이 필요하다는 사실을 잘 모른다. 불안은 '투쟁-도피-경직' 반응을 일으키고, 이 반응은 우리가 진짜 위험에 처했을 때 유용하다. '투쟁-도피-경직' 반응은 몸속에서 활성화되어 지금 취해야 하는 행동에 필요한 아드레날린을 분출한다. 안전하지 못한 환경에 처할 때면 몸속에서 화학물질과 호르몬이 유도되어 감각을 고조시키기 때문에, 우리는 더 잘 싸우고, 더 빨리 도망치고, 더 오랫동안 꼼짝 않고 가만히 있을 수 있게 된다. 문제는 우리에게 불안 '장애'가 생겼을 때는 진짜 위험한 상황이 아닌데도 '투쟁-도피-경직' 반응이 활성될 수 있으며, 그 반응이 갑작스레 또는 차츰차츰 나타날 수 있다는 것이다.

그렇다면 두뇌에서 무슨 일이 일어나기에 이런 '거짓 경보'가 울리는 걸까? 몸이 불안 증상이나 공황발작을 느끼기 전부터 두뇌는 먼저 생각과 행동을 형성하고, 당신이 알아차리기도 전에 신체 증상을 일으킬 준비를 한다. 수많은 심리학자와 의사들이 공포를 느끼기 전에 스스로의 생각이나 행동에 주의를 기울이라고 조언하는 것이 바로 이 때문이다. 과도한 걱정은 발작을 유발할 수 있고, 이 발작은 사고 패턴이나 일상적 습관을 통해 형성된다. '잔걱정이 많은 사람'들에게 편도체와 해마는 상당히 큰 역할을 하고, 이 때문에 만성 불안과 끊임없는 스트레스가 생겨난다.

편도체

편도체는 두뇌에 입력되는 감각적 메시지를 처리하는 부분과 이 신호를 이해하는 부분을 연결하는 일을 한다. 두뇌 깊숙한 곳에 위치한 이 편도체는 아몬드 모양의 구조를 띤다. 경계나 위험을 유발하는 것이 바로 이 부분이다. 편도체는 내부에 정서-기억을 저장하는데, 이 때문에 우리가 특정한 광경(개, 거미, 비행), 냄새(공포를 유발하는 어린 시절의 냄새나 익숙한 냄새), 맛(편집증이나 심기증心氣症을 유발하는 음식이나 맛, 예를 들면, 이전에 식중독을 경험했던 음식의 맛), 소리(태풍, 찬장 문이 거칠게 닫히는 소리, 고함 소리 같은 소음)를 무서워하는지도 모른다. 그렇다면 외상 후 스트레스장애PTSD는 편도체가 과도하게 활성화된 결과라고 볼 수 있다.

해마

해마는 두뇌에서 기억을 담당할 뿐 아니라 위협적인 사건을 전달하는 일을 하기도 한다. 외상 후 스트레스장애,

아동학대, 또는 폭력이나 괴로운 경험을 가진 사람들의 경우 실제로 해마의 크기가 그러한 경험이 없는 사람들의 것보다 작다. 해마가 작은 사람들은 트라우마로 남은 기억을 원치 않는 상황에서 떠올리게 된다고 한다. 이 사람들은 기억을 사건이 일어난 순서대로 배열하기 힘들어하고, 해마의 기능이 약해져 단기 기억상실을 겪는다.

노르에피네프린과 코르티솔은 신체가 자연적으로 분비하는 화학물질로 위험한 상황에서 인지능력, 반사 신경, 속도를 향상시키는 역할을 한다. 또, 심박 수를 증가시키고 근육과 폐에 더 많은 피와 산소를 펌프질하며 앞으로 겪게 될 상황을 직면할 준비를 하게 만든다. 그러나 이런 자극은 거짓 경고 앞에서도 효과를 발휘하기에, 실제 위험하지 않은 상황에서 온몸에 분비된 높은 수준의 화학물질과 호르몬은 유용하게 쓰이지 못하고 갈 곳을 잃게 된다. 그 결과 당신은 마비된 것처럼 꼼짝도 못하고 덜덜 떨고 식은땀을 흘리고 숨을 제대로 쉴 수 없는 등 다양한 신체적 증상을 겪게 된다. 하지만 이 모든 것이 전부 당신이 모든 것을 지나치게 생각하거나 걱정한 탓이라는 사실을 믿을 수 있을까? 당신이 생각하는 것보다 몸은 많은 일을 겪기에, 단 한 가지 생각으로도 스트레스와 관련된 다양한 증상들을 유발할 수 있다. 다행한 것은, 과도한 걱정을 줄이고 삶의 생산성을 높이는 습관을 만들어 이런 악순환의 덫에 빠지지 않을 방법이 존재한다는 것이다.

인지왜곡
극복하기

이제 걱정을 멈추는 방법에만 집중해서 이야기해보자. 하지만 걱정에 대처하거나 걱정을 완전히 멈추기 위해서는 의욕, 시간, 인내심, 그리고 많은 연습이 필요하다는 점을 잊지 말자. 하룻밤 사이에 끝나는 일은 아니지만, 그럼에도 걱정과 괴로움으로 가득한 마음을 다스리기 위해 꾸준히, 헌신적으로 노력한다면 이 악몽에도 끝이 보일 것이다.

뇌의 작용에 대한 '과학적' 연구나 실험과는 관계없이, 부정적 사고에서 벗어나기 위한 건강한 습관을 많이 연습할수록 두뇌는 더욱 발달하고, 나아가 당신의 정신은 새로운 연결들을 맺게 되어 본능적으로 걱정을 유발하는 상황을 생산적인 방식으로 다루게 될 것이다. 먼저, 인지왜곡^{cognitive distortions}을 버리기 어려운 이유가 무엇인지 살펴보자. 도저히 걱정으로부터 벗어날 수 없다는 생각이 드는 이유가 무엇인지 이해하고 나면, 마음속에서 일어나는 인지왜곡을 다루는 기술들을 연습할 수 있다.

인지왜곡이란 우리가 두려움이나 불안에 대처하기 위해 만든 장기적인 습관, 그리고 우리가 스스로에게 이야기하는 거짓 믿음 때문에 생겨난 비이성적인 사고 패턴이다. 하지만

우울, 불안, 강박 뒤의 오버씽킹 인식하기

실제로는 할 수 있는 일을 할 수 없다고 생각하는 것과 같은 이런 왜곡들은 그저 우리가 기분을 달래기 위해 마음속에서 만들어낸, 비이성적이고 불필요한 '안심 담요' 또는 '안전망'일 뿐이다. 이 때문에 우리는 과도한 걱정이라는 정신적 덫에 걸리고 만다. 다음은 인지왜곡의 예시다.

1. 양극단의 사고를 한다.

흑백사고. 중간 지점이나 타협이 없다.

예시 "어떤 사람이 내가 실패한 인간이라고 했으니까, 그 말이 사실일 거야."

2. 지나친 일반화를 한다.

한 가지 결과가 모든 결과를 지배한다는 생각.

예시 "난 채용 심사에 탈락했어, 그러니까 난 부족한 사람이고 영영 직업을 갖지 못할 거야."

3. 긍정적인 사고를 피하고 부정적으로만 사고한다.

어떤 상황의 긍정적인 면을 보려 하지 않고 오로지 부정적 측면만 바라본다.

예시 "다 맞혔는데 마지막 문제 하나만 틀리다니, 난 정말 멍청한가 봐."

4. 어떤 사건에서 긍정적인 정황이 중요하지 않은 이유를 만든다.

긍정적인 일들이 있었음에도 그것을 보면서 안 될 이유를 만들어낸다.

> 예시 "면접을 잘 보긴 했지만, 어쩌면 그저 면접관들이 오늘따라 기분이 좋았던 건지도 몰라. 그러니까 난 불합격일 거야."

5. 부정적인 거짓 예측을 한다.

미래에 어떤 일이 실제로 일어나리라 근거 없는 예측을 한다.

> 예시 "무언가 나쁜 일이 일어날 게 분명해."

6. 최악의 상황을 예상한다.

어떤 일의 결과를 지나치게 과장해 생각하거나, 끔찍한 일이 일어날 거라고 생각한다.

> 예시 "열차가 늦네. 열차가 고장 나서 모든 게 지연된 게 틀림없어. 시간에 맞춰 도착할 수 없을 거고, 그럼 난 잘리겠지."

7. '해야 하는' 것, '해서는 안 되는' 것에 대한 믿음을 가진다.

해야 하는 것과 해서는 안 되는 것에 대한 스스로의 믿음을 따르지 못할 때 스스로를 괴롭힌다.

> 예시 "이런 일이 생길 걸 미리 알고 대비했어야 했는데,

난 제대로 하는 게 하나도 없어."

8. 자신이 저지른 실패에 바탕을 두고 스스로에게 꼬리표를 붙인다.

무언가를 잘못했거나, 자신 또는 타인을 실망시켰기 때문에 이렇게 생각한다.

> **예시** "난 매번 이따위니까 새로운 기회를 얻을 자격이 없어. 난 최악이야."

9. 통제할 수 없는 일이 자신의 책임이라고 여긴다.

> **예시** "할머니의 꽃병이 깨진 건 내 잘못이야. 아들을 잘 지켜보면서 조심했어야 하는데."

그런데, 걱정에 사로잡히지 않는 건 왜 이렇게 어려울까? 당신은 자신이 인지왜곡에 사로잡혀 있다는 사실을 완전히 알아차리지 못하고 있을지도 모른다. 많은 사람들이 지나친 걱정 또는 '장애'의 결과가 발생하기 전부터 인지왜곡의 방식으로 사고한다. 걱정을 하면 문제 해결에 도움이 되거나, 알 수 없는 미래의 사건으로부터 스스로를 보호할 수 있으리라 생각한다. 하지만 걱정은 아무짝에도 쓸모가 없고, 당신이 할 수 있는 것은 이런 통제할 수 없는 부정적 사고로부터 멀어지기 위한 효과적인 기술을 연습하는 것이 전부다. 걱정을 그만두는 것이 중요한 이유는 걱정이 긍정적인 목적에 기여한다는 생각을 포기하겠다는 뜻이기 때문이다.

불안과 걱정에
긍정적 통제감 가지기

걱정은 밤에 초조감을 느끼게 하거나 잠들지 못하게 하고, 면역체계를 공격하며, 외상 후 스트레스장애에 걸릴 가능성을 높이고, 젊은 나이에 사망할 위험성을 높인다. 엄청난 불안을 유발하는 걱정 이면에 놓인 생각은 우리가 단 한 가지 단순한 진실을 받아들이지 못하기 때문이다. 바로 우리가 우리 삶에 일어나는 어떤 일들을 **통제할 수 없다**는 진실이다. 대부분의 사람들이 걱정을 하는 주된 이유는 모든 선택이나 결정을 곱씹어 생각하거나, 자신이 무언가를 통제할 수 없다는 사실을 받아들이지 못하고, 그 결과 마음을 편하게 하기 위해 완벽주의자나 '통제광'이 되기 때문이다. 하지만 모든 걸 통제하거나 완벽히 해내야 한다는 생각이 정말로 당신 마음을 편하게 하는가? 당신의 대답이 '아니오'라면 이제 정신을 긍정적인 방향으로 통제할 수 있는 방법들을 살펴보자.

1. '걱정 시간'을 만든다.

걱정을 하기 위한 특정 시간을 따로 마련해놓고, 걱정이 생기면 지금은 시간이 없다고, 하지만 나중에 이 문제에 대해 생각할 거라고 스스로에게 말하는 연습을 한다. 단, 이 '걱정 시간'을 잠들기 직전이나 저녁 식사를 준비하는 시간처럼 바쁜 시간대에 잡지는 말자. 또 '걱정 시간'이

1시간을 넘기지 않도록 한다. 이런 방법을 쓰면 걱정을 하고 효과적인 해결책을 찾을 만큼 충분한 시간이 생긴다. 이 시간을 명상이나 심호흡 연습으로 마무리해보자.

생각이나 걱정을 인정한다

낮 시간에 걱정이 떠올라서 떨쳐버릴 수가 없다면 걱정을 글로 쓰고 받아들이자. 떠오르는 생각을 회피하거나 한구석에 치워버리려고 한들, 생각은 더 심해지고 '소란해질' 뿐이다. 걱정이 사라지지 않는다는 사실을 받아들인 다음 앞으로 나아가자. 걱정에 사로잡혀 너무 많은 주의를 기울이지 말고, 그저 걱정이 존재한다는 사실만을 받아들이자. '걱정 시간'이 오면 낮에 써둔 메모를 모두 살펴보며 평가한다.

글로 쓰고 분석한다

일기를 쓴다. 일기가 효과적인 것은, 바쁜 일과 중에 걱정거리를 생각으로만 하게 되면 비논리적이나 비이성적이 되기 쉽기 때문이다. 하지만 일기장에 걱정거리를 적어두면 감정을 분출할 수 있을 뿐 아니라 우리의 사고 패턴이 보이기 때문에 부정적 사고를 골라내 긍정적인 생각으로 바꾸어볼 수 있다. 또 일기장에 걱정을 쓰면 걱정거리들을 전체적으로 바라볼 수 있기에 그다음에 무엇을 해야 할지 더 잘 통찰할 수 있게 된다.

2. 마음챙김을 실천한다.

마음챙김이란 의식적으로 지금 이 순간에 존재하는 것이다. 예를 들면, 빨간색(또는 다른 색)을 바라보고 방 안에 빨간색 사물이 몇 개나 있는지 세어본다든지, 음식을 먹고 마실 때 음식의 맛, 질감, 냄새, 생김새를 있는 그대로 완전히 받아들이는 것이다. 한층 깊은 의미에 대해 말하자면, 걱정이 찾아오면 이를 분석하지도 판단하지도 불안해하지도 말고, 그저 이 걱정은 하나의 생각일 뿐이고 그게 다라는 사실을 받아들여보자. 걱정 앞에서 당신이 해야 할 행동은 없다. 걱정과 연관시켜야 하는 감정도 없다. 당신이 할 일은 오로지 걱정이 그 자리에 있다는 사실을 인정하는 것뿐이다.

3. 운동을 하거나 몸을 움직인다.

정신건강에 대한 거의 모든 연구는 이런 장애가 신체에서 기인하는 것일 수도 있다고 말한다. 더 건강한 음식을 더 잘 먹으면 에너지가 더 많이 생겨난다. 에너지가 많아지면 이 에너지를 분출할 수 있도록 운동을 비롯한 생산적인 방법을 찾게 된다. 마음챙김 달리기, 몸을 이완시켜주는 요가, 윗몸일으키기, 아니면 집 안의 편안한 장소에서 제자리 뛰기, 스쿼트, 팔굽혀펴기 같은 제자리 운동을 해보자. 복싱 수업을 듣거나 스포츠 팀에 들어가는 것도 좋다. 혈류가 흐르고 심장이 펌프질을 하기 시작하면 머릿속에 떠오르는 많은 걱정에 쓸 정신적 에너지가 줄어들고, 따라서 밤에 잠도 더 잘 온다.

4. 통제할 수 없는 것들이 무엇인지 구분한다.

심리치료사나 상담사의 도움을 받는 것이 가장 좋겠지만, 어떤 이유로건 혼자 해결해보고 싶다면, 스스로 통제할 수 있는 것들이 무엇인지 알고, 통제할 수 없는 것은 잊어버리자. 예를 들면, 타인의 행동은 우리가 통제할 수 없다. 그럼에도 우리가 그 행동에 어떻게 반응할지, 상대의 말이나 행동 속에서 무엇을 인지할지는 통제할 수 있다. 특정 상황에서, 또는 타인과 마찰이 생길 때, 우리가 통제할 수 있는 것은 오로지 스스로의 반응이나 행동뿐이라는 사실을 이해하자.

5. 두려움을 평가한다.

걱정이 너무 많아 감당하기 힘들면 잠시 멈추고 걱정의 뿌리를 찾자. 보통 걱정은 어떤 일이 일어날 것 같다는 두려움에서 출발한다. 또 두려움은 당신이 여태 인지하지 못한 걱정에서 온다. 스스로에게 물어보자. "내가 미래를 예측하고 있는 걸까? 앞으로 어떤 일이 일어나건 내가 해결할 수 있을지를 의심하고 있는 걸까?" 우리는 대개 스스로를 통제하고 상황을 해결하는 자신의 능력을 과소평가한다. 때로는 두려움을 직면하고, 자신의 사고에 도전하고, 일어날 일을 일어나게 놓아두어야 할 때가 있다. 아마도 생각했던 것만큼 상황이 나쁘지 않다는 걸 알게 될 것이다.

6. 명상을 한다.

명상은 가장 효율적인 이완 전략이다. 이완되어 있을 때 두뇌 역시 긴장을 풀고 잠시 휴식을 하기가 더 쉽다. 대부분의 명상은 호흡에 초점을 맞춘다. 명상을 통해 효율적으로 숨 쉬는 법, 숨을 들이쉬고 내쉬는 위치를 알 수 있고, 여러 상황에서 당신이 어떻게 호흡하는지를 더 잘 알아차릴 수 있다. 즉각적인 이완을 원하는 당신에게 명상이 썩 달갑지 않을지는 모르겠지만, 분명 시간이 갈수록 더욱 더 평화로운 기분을 느끼게 될 것이다. 명상은 마음을 차분하게 하기 위한 임시 조치가 아니라 스트레스 상황을 더 잘 버틸 수 있도록 정신을 훈련시키는 장기적이고 효율적인 해결책이다. 평온하고 차분한 마음은 곧 행복하고 차분한 영혼이다. 우리의 영혼이 평온하면 우리의 삶 역시 평온하다.

7. 긍정적 자기 대화를 한다.

마음이 불평과 걱정으로 가득하다는 건 여태까지 스트레스 상황을 견뎌온 스스로를 충분히 칭찬해주지 않았다는 의미일 수 있다. 공황감을 느낄 때면 이렇게 생각해

우울, 불안, 강박 뒤의 오버씽킹 인식하기

보자. '나는 지금까지 이보다 더 힘들고 나쁜 상황들도 이겨냈어, 그러니 지금 마주하는 이 상황도 해결할 능력이 충분히 있어.' 자기의심을 건강한 만트라mantra로 바꾸어 빠르고 즉각적인 안정을 찾아보자. 은연중 스스로에게 '내가 해낼 수 있을지 잘 모르겠어'라고 말하고 있다면, '난 내가 해낼 수 있다는 걸 알아'로 바꾸어보자. '그 사람이 날 판단하지 않았으면 좋겠는데'라는 생각이 든다면, 그 대신 '난 자신감이 넘쳐' 또는 '난 회복탄력성이 강해'라고 생각해보자. 스스로에게 하는 긍정적인 대화가 잘 믿기지 않는다 해도, 이런 말을 더 오래, 더 자주 하면 할수록 정신은 점점 더 긍정적인 방향으로 발달할 것이고, 걱정 역시 덜 부정적인 방향으로 변화할 것이다.

8. 걱정이 아닌 진실을 본다.

과거나 미래를 걱정할 때면 대신 이렇게 생각해보자. '우리에게 있는 건 지금 이 순간뿐이야. 난 어제를 통제할 수도 없고 내일을 예측할 수도 없어.' 걱정이나 두려움 대신 진실을 생각한다면 지금 이 순간을 차분하게 살아낼 수 있는 자신을 발견할 수 있다. 보통 우리는 통제할 수 없는 것들을 걱정하고, 미래를 예측하려 들거나 지금 일어나는 일에 대해 지나친 스트레스를 받는다. 회의에 참석해서 좋은 모습을 보일 수 있을지, 잘할 수 있을지 걱정이 된다면 스스로에게 이렇게 말해보자. "날 봐,

지금까지 잘 하고 있잖아. 만약 실수를 해도 바로잡을 수 있을 테고, 그렇게 할 거야." 긍정적 사고를 강화하고 걱정 대신 진실을 바라보면 걱정은 줄어들고, 시간이 흐를수록 이 전략은 점점 더 쉽고 자연스럽게 실행할 수 있을 것이다.

9. '만약에'가 아니라 '어떻게'가 중요하다.

'만약에 집에 불이 나면 어쩌지?'라든가 '만약에 조명 플러그를 뽑지 않고 나왔으면 어쩌지?' 또는 '만약에 뭔가를 잊었으면 어쩌지?' 같은 생각으로 스트레스를 받는다면, 그 대신 이렇게 생각해보자. '집에 불이 날 가능성은 얼마나 될까? 조명 문제를 어떻게 해결할 수 있을까? 뭔가를 잊었다면 어떻게 대처하지?' '만약에'를 '어떻게'로 바꾸었을 때의 차이를 알겠는가? 대부분 '만약에'로 시작하는 걱정들은 과장되고 비합리적이고, 때로는 비논리적이다.

10. 미지의 것을 받아들인다.

누구나 미지의 것을 맞닥뜨린다. 미래에 무슨 일이 일어날지는 그 누구도 모르기에, 미지의 것을 상상하고 걱정한다는 것은 통제할 수 없는 일들을 자꾸 생각하며 스트레스를 받는 것이다. 모든 걸 알고 계획해야만 **직성이 풀리는** 사람들이 너무 많다. 그저 내버려두는 것을 전략으

우울, 불안, 강박 뒤의 오버씽킹 인식하기

로 삼자. 예기치 못한 일들이 일어날 수도 있음을 이해하고, 최선의 상황을 바라고, 그 이상의 무언가를 기대하지 말자.

결론적으로, 걱정은 두려움에서 기인하고, 두려움은 불안감을 유발한다. 불안해지면 논리적으로 사고해야 한다는 사실을 잊어버리므로 걱정에 사로잡혀 걷잡을 수 없는 사고 회로에 갇혀버린다. 지나친 걱정을 극복할 수 있도록 지금까지 이야기한 효율적 전략들을 개발하고 또 늘려가다 보면 어느 새 불안감은 줄어들고 스스로를 비롯한 더 많은 것들을 '통제할' 수 있음을 알게 될 것이다.

3단계

꼬리에 꼬리를 무는
부정적 생각 그만두기

．．．

우리는 내일
우리의 생각이 데려다 놓을 자리에 존재할 것이다.

제임스 앨런

부정적 사고는 걱정이나 과잉사고와 유사하지만, 가장 큰 차이를 꼽자면 이는 그저 당신이 부정적으로 생각하는 것일 뿐이라는 것이다. 당신이 스스로에게 건네는 부정적인 말들은 당신의 생각과 정신 대부분을 사로잡고 만다. 한편, 부정적 사고와 걱정의 공통점은 둘 다 인정이 필요하다는 점이다. 앞서 말했듯, 그런 생각들이 사라지기만을 막연히 기다리거나, 밀쳐버리거나, 무시하거나, 그 정도로 나쁘지는 않은 척해서는 안 된다. 왜일까? 부정적 사고와 걱정은 갈수록 심해지기 때문이다. 이런 것들은 당신이 인내심을 잃거나 이에 걸맞은 대처를 할 때까지 자꾸만 당신을 쿡쿡 찌르며 괴롭히는 귀찮은 동생 같은 존재다.

자, 그럼 부정적 사고에 정확히 어떻게 대처할 수 있을까? 우선 부정적 사고에 사로잡혔음을 인정하고, 머릿속 생각에 관심을 기울여야 한다. 생각들을 파헤쳐 이런 생각을 생겨나게 한 뿌리를 찾아보자. 회피하거나 무슨 일이 일어나지 않게 막으려 아무리 노력한다 해도, 부정적 사고는 잠시 사라졌다가 되돌아오거나, 오히려 당신을 지배하며 더 오래 지속된다. 예를 들면, "나는 절대 '이런저런' 사람이 되지 말아야지"라든지 "절대 '이런저런' 일은 하지 않겠어"라고 다짐하고 온 힘을 다해 특정한 사람처럼 굴기를, 또는 특정한 과제를 수행하기를 회피한다면, 이런 것들은 부지불식간에 360도 회전해 되돌아온다. 그러면 결국 당신은 절대 하지 않고 싶었던 그 일을 하거나, 결코 닮지 않겠다고 마음먹은 그 사람처럼 굴게 될 수도 있다. 부정적 사고는 이렇게 작동한다. 그러니 회피는 답이 아니다!

부정적 사고에
대처하는 법

부정적 사고에 더 효율적으로 대처하려면, 떠오르는 생각들을 잘 관찰해야 한다. 만약 '난 충분히 괜찮은 사람이 아니고, 영영 그런 사람이 되지 못할 거야'라는 생각이 든다면, 그런 생각을 하고 있다는 것을 인정하자. 이 생각이 부정적이라거나 긍정적이라고 판단하지 말자. 의문을 제기하지도 정의 내리지도 말고, 그저 바라보자. 잠시 시간을 들여 이 부정적 사고를 보고 느낀 다음에는 탐구해보자. 이제 당신의 삶과 당신 자신에게 어떤 일이 일어나고 있는지를 살펴보자. 어쩌면 충분히 괜찮은 사람이 아니라는 기분이 드는 건, 당신이 하려고 한 일에서 실패했기 때문이거나 바라던 일자리를 얻지 못해서였을지도 모른다. 원인을 정확히 짚고, 부정적 사고에 '난 바라던 일자리를 얻지 못했어. 그러니까 스스로가 충분히 괜찮은 사람이 아니라는 기분이 들만도 하지. 하지만 그렇다고 같은 분야에서 새로운 기회가 생기지 않을 거라는 보장은 없어. 난 원한다면 언제든 다른 선택지를 탐색할 수 있어'라는 생각으로 도전해보자. 생각을 관찰하고, 잠시 멈춰 그 생각을 파악한 뒤, 어째서 그런 생각이 들었는지 탐구했다면, 그다음에는 이런 조치를 한 이후에 기분이 어떻게 달라졌는지 생각해보자. 잠시 멈춰 그 사고를 식별한 다음 왜 그런 생각이 들었는지 탐구했다면, 그다음에는 이런 조치를 거친 이후에 어떤 기분이 드는지 생각해보라. 아마 더 생산성 있는 사람이 된 기분이 들 테고, 나아가 기분이 더 나아질 수도 있는데 소개해보겠다.

방금 설명한 것이 바로 **수용전념치료**ACT, Acceptance and Commitment다. 수용전념치료는 당신이 하는 생각 자체를 무시하거나 변화시키지 않아도 된다는 장점이 있고, 그 대신 당신의 생각을 바라보고 이에 대해 반응하는 방식을 바꾸도록 해준다. 수용전념치료 가운데는 부정적 사고를 감소시킬 수 있는 간단한 방법들이 있다.

긍정적인 것에 초점을 돌린다

우스운 밈meme에 집중하거나 재미있는 농담을 찾아볼 때, 긍정적 영향을 주는 사람과 대화할 때는 주의가 분산되어 부정적 사고에 집중하지 않게 된다. 부정적 사고를 회피하라는 것이 아니라, 부정적 사고를 해소할 수 있을 때까지 다른 데로 초점을 돌리라는 뜻이다. 행복한 기억을 비롯해 미소가 절로 나오는 일들로 초점을 돌려보자.

자기애를 연습한다

내 지인 중 어떤 사람이 이런 말을 하곤 했다. "일하고 받은 월급의 10퍼센트는 따로 떼놓거나 스스로를 위해 쓰도록 해." 그 말대로 했더니 서서히 기분이 나아졌다. 우리는 공과금, 집세, 식비, 타인을 돌보는 비용에는 신경을 많이 쓰지만 정작 자기 자신을 챙기는 걸 종종 잊곤 한다. 자기애란 자신을 친한 친구나 가족처럼 잘 대해주는 것이다. 부정적 사고가 떠나지 않는다면, 그런 말들을 가까운 사람으로부터 들었다고 생각하고 반응해보자.

부정적인 사고에 맞추어 행동과 습관을 바꾸지 않는다

부정적 사고를 피하고 싶은 나머지 회피행동을 할 수도 있다. 별안간 부정적 사고가 떠오르거나 특정한 일 때문

꼬리에 꼬리를 무는 부정적 생각 그만두기

에 촉발되는 것을 침투적 사고intrusive thought라고 한다. 침투적 사고와 관련한 행동 변화의 예는 다음과 같다.

- 칼과 관련해서, 또는 칼을 들고 있을 때 폭력적인 생각을 경험하기 때문에 집에서 칼을 전부 치워버리거나 칼에 손도 대지 않는 것.
- 자녀들 곁에 있을 때 침투적 사고를 경험하기 때문에 자녀들과의 상호작용을 제한하고 극도로 조심스러운 태도로 그들을 바라보며, 심지어 기저귀를 갈아주거나 목욕시키는 일을 회피하는 것.

방금 이야기한 예에 해당된다면, 지금 당장 그런 행동을 그만둬야 한다. 침투적 사고를 중심으로 촉발되는, 무슨 일이 일어날지도 모른다는 두려움은 우리가 먹이를 주면 줄수록 점점 더 힘이 세지고 악화된다. 최악의 경우 집밖에 나가는 것마저도 회피하는 지경까지 갈 수도 있다. 하지만 여기서 멈춘다면 침투적 사고는 당신을 통제할 수 없고, 그런 생각은 알아서 사라질 것이며, 또한 그 자체로 어떤 의미에서 '그 생각이 틀렸다는 것을 증명하는' 방법이 될 수도 있음을 알게 될 것이다. 침투적 사고는 그저 머릿속을 괴롭히는 단어와 문장들의 덩어리일 뿐, 강제로 무슨 행동을 하게 시킬 수는 없다. 당신의 행동을 결정할 수 있는 것은 오로지 당신뿐이다.

부정적 사고는
뇌에 어떤 영향을 미칠까?

《임상심리학저널Clinical Psychology》에 실린 한 연구에서는 걱정과 부정적인 사고가 특정한 과제를 수행할 때 어떤 영향을 미치는지 알아보았다. 실험 참가들에게 사물들을 두 가지 범주로 분류하라는 지시를 하자, 주어진 시간 중 50퍼센트 이상을 걱정하는 데 쓴 사람들은 사물의 분류를 힘들어했다. 이 연구 결과는 부정적 사고가 정보처리 능력은 물론 명확하게 사고하는 능력마저도 저하시킨다는 사실을 보여준다. 즉, 부정적 사고는 아무것도 해결해주지 못하고, 부정적 사고를 둘러싼 불명확한 사고 패턴 때문에 실제로 상황이 더 악화되기도 한다.

편도체

사람들이 부정적 사고를 통제하기 힘든 이유는 우리의 두뇌가 우리가 생각하고 지각하는 방식대로 장기간에 걸쳐 형성되고 변화하기 때문이다. 편도체는 46쪽에서 이야기한 것처럼 두뇌에서 부정적인 경험이 저장되는 부분이고, '투쟁-도피-경직' 반응을 담당하는 곳이기도 하다.

편도체가 하는 일을 예로 들어보자. 일터에 지각한다든지 누군가를 데리러 갈 시간을 맞추지 못한다든지 도로에 교통사고가 나서 차가 막히는 바람에 교통 체증으로 발이 묶인 사람은 자신의 안전에 얼마만한 위협이 가해졌느냐에 따라 스트레스를 받는다. 이때 '위협'이란 실제로 위협적이라기보다는 짜증에 가깝고, 앞으로 무언가 나쁜 일이 일어나리라는 두려움이 들더라도 스스로를 잘 설득해 쉽게 빠져나올 수 있다.

반면, 같은 상황이더라도 기존에 교통 체증, 교통사고를 비롯해 이 상황과 연관된 부정적 경험을 해본 사람이라면 이 경험은 트리거가 되고, 편도체는 이 사람이 현재 '투쟁-도피-경직' 모드라는 신호를 신체에 보낼 것이다. 편도체 속에 부정적 경험이 축적되어 있기 때문에 거짓 경보와 진짜 위험을 구별하지 못하고 위험 신호가 작동하는 것이다. 장기간에 걸쳐 부정적인 사고를 과도하게 할 경우 이런 일이 발생한다.

시상하부

시상하부는 두뇌에서 감각과 운동 신호를 담당하는 부분이다. 시상하부는 온몸에 신호들을 전달하지만, 진짜 위험과 거짓 경보를 식별하지는 못한다. 당신이 어떤 사고를 떠올리거나 통제하는 방식에 따라, 편도체와 시상하부는 힘을 합쳐 신체의 스트레스 반응을 촉발하거나 감소시킨다. 편도체가 시상하부에 거짓 경보를 보내면 시상하부가 온몸에 아드레날린 신호를 보내 두뇌의 위험 신호에 맞서 투쟁하거나 도피할 준비를 하게 만든다. 상당한 시간 동안 축적된 부정적인 사고 패턴에 바탕을 둔 이런 현상은 순식간에 발생할 수 있다.

코르티솔 변화

코르티솔은 두뇌에서 스트레스를 담당하는 요소로, 기분, 의욕, 두려움을 통제한다. 불안, 우울, ADHD, 외상후 스트레스장애 같은 정신장애는 코르티솔 분비량을 증가시킨다. 정신장애를 가진 사람은 그렇지 않은 사람들에 비해 코르티솔 호르몬 수치가 높기에 마음을 가라앉히기가 훨씬 힘들다. 또한 정신장애가 있는 경우 회질과 백질처럼 두뇌의 다른 요소에도 변화가 생겨난다. 회질은 두뇌가 정보를 처리하는 **장소**이고, 백질은 두뇌의 뉴런이 그 정보를 두뇌 속 필요한 부분으로 보내는 **때**를 결정한다. 만성질환, 코르티솔 분비량 증가, 도파민과 세로토닌 분비량 저하는 모두 백질의 작용에 영향을 준다. 회질과 백질의 균형이 맞으면 해마를 비롯해 기분과 기억을 담당하는 부분이 평온해지고, 그 결과 시상하부가 신체에 거짓 정보를 보내게 만드는 '트리거'도 줄어든다. 회질과 백질의 균형을 맞추기 위해서는 긍정적 사고를 연습하고 부정적 습관을 변화시켜야 한다. 좋은 행동을 했을 때 스스로에게 보상을 하거나, 자기훈련 기술을 만들어 두뇌를 훈련시킬 수 있다. 예를 들면, 혼자 가게에 가는 것이 겁이 난다면, 가게까지 가는 길의 절반은 혼자 걷고, 나머지 절반은 전화 통화를 하면서 걸어가고, 또 가게까지 가는 내내 할 수 있다고, 두렵지 않다고 스스로에게 말해주는 것이다. 목표로 가는 길에 있는 작은 이정표 하나하나에 다다를 때마다 스스로에게 보상을 하면, 그 보상은 차츰 쌓여 언젠가는 혼자 가게에 다녀올 수 있다는 커다란 보상이 되어 돌아올 것이다.

생활 속 해로운 것들과 멀어지는 7가지 전략

부정적 사고는 대개 생활 방식과 연관되어 있다. 긍정적 영향에 둘러싸여 지내는 사람은 긍정적 사고가 발달할 가능성이 높지만, 부정적 환경과 해로운 사람들에게 둘러싸여 지내는 사람은 부정적 사고와 감정이 발달할 가능성이 높다. 가만히 있다가 아무 이유 없이, 최소한 겉보기에는 별 이유 없이 신경이 날카로워진 적이 있는가? 그럴 때 당신은 그저 자신이 신경이 날카로운 사람이며 긴장이 풀리지 않는다는 사실을 받아들였을지 모른다. 그건 당신이 생활 속 해로운 것들에 익숙해졌기 때문이다. 조심하지 않는다면 해로운 것은 어디서든, 주변의 무엇에서나 찾아올 수 있다. 해로운 연애를 할 수도 있고, 해로운 집주인에게 세를 들어 살 수도 있고, 해로운 고용주 밑에서 일할 수도 있으며, 가장 친한 친구가 해로운 사람일 수도 있다. 무엇이 당신에게 해를 끼치고 있건 간에, 자신이 해로운 상황에 있다는 사실을 알아차리고 이 상황을 빠져나올 수 있는 조치들을 시작해야 한다.

다음은 당신의 생활에서 해로운 것들을 없애기 위한 7가지 행동이다.

1. 상황을 분석한다.

지금의 상황을 분석해 해로움의 뿌리를 찾아보자. 예를 들면, 가장 최근에 잠시나마 마음이 편했던 때는 언제였지? 어머니 댁에 갔을 때였나? 그때 무슨 생각을 하고 있었던가? 어떤 장소에서 행복감을 느끼나? 내면이 조화를 이루고 있을 때면 어떤 기분이 드는가? 그다음으로는 당신의 상황, 또는 지금 당신의 인생에서 이런 내면의 평화를 얻기 위해 부족한 것이 무엇인지 찾아보자. 함께 사는 사람이 부정적 사고를 유발한다면, 그 사람의 어떤 면이 그토록 부정적인지, 이 부정적 감정에서 빠져나오려면 어떻게 해야 하는지 알아보자. 집주인 때문에 신경이 예민해지거나 스트레스를 받고, 그 때문에 부정적 사고를 하게 된다면, 집주인과 관계를 끊을 수 있는 방법을 찾아보자. 해로운 것이 무엇이건 간에, 중요한 건 즉각 행동을 취하는 것이다. 미루면 해로운 것에 대한 두려움만 커질 뿐이다.

2. 부정적인 것을 긍정적인 것으로 바꾼다.

부정적 상황을 알아냈다면 이제 부정적 환경을 긍정적 환경으로 바꿀 때다. 예를 들면, 집에 있을 때 스트레스를 받고 불편하다면 달리기를 하러 나가는 습관을 만들거나 날마다 보상이 될 만한 행동들을 해보자. 좋아하는 커피를 마신다거나, 사랑하는 강아지와 공원을 산책하는 일이 보상이 될 수도 있다. 당신이 속해 있는 사회적 집단이 당신에게 해롭다면 이제는 온라인에서 친구들을 만들어볼 때다. 사람들을 만나는 일이 힘들게 느껴진다면, 긍정적 영향력을 지닌 사람들과 만나면 당신이 누구이며 어떤 사람이 되고 싶은지에 관한 감각을 얻는 데 도움이 된다는 사실을 다시금 새겨보자. 일터에서 스트레스가 가장 심할 수도 있다. 그렇다면 다른 일자리를 찾거나, 퇴근 후 내면의 욕구를 충족시킬 만한 취미 활동을 찾아보자.

3. 나의 목표, 또는 삶의 목표를 찾는다.

생활 속에서 사소할지라도 긍정적인 점들을 찾아보자. 만약 당신의 꿈을 응원해주는 친구들이 없고, 항상 '기를 빨아가는' 에너지 뱀파이어에게 둘러싸여 있는 듯한 기분이 든다면, 이 상황에서 긍정적인 점은 당신이 이기적인 사람이 아니라는 사실이다. 당신이 힘들여 하는 일을 사람들이 당연하게 받아들이는 것 같다면, 그건 당신이 지금보다 더 큰 공감능력을 지니고 스스로를 인정해주고, 자신과 타인에 대한 연민을 통해 긍정적인 면을 바라보아야 한다는 의미다. 아침에 눈을 뜨면 오늘도 잠에서 깨어 하루를 시작했다는 것, 병에 걸려 입원한 채로 눈을 뜬 게 아니라는 사실에 감사하자. 맛있는 음식을 먹었다면 오늘도 끼니를 챙길 수 있었음에 감사하자. 우리는 우리가 가진 것이 많다는 사실을 잊곤 한다. 우리의 특권을 잊어버리는 것은 물론, 사소한 것들조차도 당연하게 받아들인다. 이 책을 사고 싶었던 당신에게 책을 살 여유가 있었음에 감사하자. 그건 이 책을 통해 새로운 배움을 얻고 엄청난 변화를 이뤄낼 수 있다는 뜻이니까. 새로운 배움을 얻고 관점을 바꿔 엄청난 변화를 이뤄낼 수 있다는 뜻이니까. 감사한 마음으로 가득한 삶을 살자. 모두에게 그런 특권이 있는 것은 아니니까.

4. 열정과 욕망을 찾는다.

대부분의 사람은 자신에게 맞는, 또는 자신이 사랑하는 삶을 살고 있지 못하기에 과잉사고에서 기인하는 부정적 사고와 과도한 걱정에 시달린다. 오로지 돈을 벌기 위해 싫어하는 장소에서 싫어하는 일을 하고 있다면, 당신은 열정으로 충만한 삶을 살지 못할 것이다. 남들이 잘 못하는 일들 중 당신이 잘하는 일이 무엇이 있나 생각해보자. 글을 잘 쓰는가? 의사소통에 능숙한가? 빵 굽기나 요리에 타고난 재능이 있는가? 힘들이지 않고 잘할 수 있는 일부터 시작해보자. 열정을 느낄 수 있는 일들을 더 잘하고 싶어 고군분투하는 과정은 스스로에 대한 연민을 충족시킬 뿐 아니라 더 큰 행복감을 가져와 당신을 해로운 것들로부터 멀어지게 만든다. 자신이 사랑하는 일을 하는 사람은 일을 하며 늘 기대감을 느끼므로 다른 무엇도 중요하지 않게 된다.

5. 스스로를 자주 칭찬한다.

44쪽에서 이야기했듯 도파민은 기분이 좋아지는 엔도르핀을 분비하는 두뇌 화학물질이다. 사소한 일에 대해서도 스스로를 칭찬해 도파민을 분비시켜보자. 아침에 눈을 떠서 감사한 기분을 느낀다면 그 기분을 인정하고 "아침에 눈을 뜨는 순간 ○○○에 감사한 기분을 느낀 나, 잘 했어. 앞으로도 계속 이런 연습을 할 거야"같은 간단한 칭찬을 해보자. 이런 자기대화는 도파민 분비를 증가시켜 보다 긍정적인 사람이 될 수 있는 건강한 습관을 형성한다. 또 휴식을 하며 기쁨을 느껴보자. 스트레스가 늘거나 통제를 벗어났다는 생각이 든다면, 마음챙김의 시간을 가지면서 행복한 기분을 느끼거나 행복한 기억을 되살려보자. 그다음에는 지금 이 순간 말고는 그 무엇도 존재하지 않으며, 중요하지도 않은 것처럼 현재를 한껏 만끽하자. 스스로를 행복하게 해주는 일이야말로 세상에서 가장 중요한 일이므로, 다른 것들은 나중에 해도 늦지 않다. 당신이 행복하면 세상도 함께 웃을 것이다. 자연 속을 산책하는 빈도를 늘려 두뇌가 자연의 치유력을 바라보고 냄새 맡을 수 있도록 하자.

6. 실수를 용서한다.

변화란 한순간에 일어나는 게 아니라는 점을 잊지 말자. 많은 사람들이 변화를 겪고 연습을 거듭할수록 나아진다. 변화는 우리가 바라는 만큼 뚜렷하지 않게 일어나기도 한다. 예를 들면, 나 역시 부정적 사고에 사로잡힌 나머지 절대 나아질 수 없으리라 생각한 적 있었다. 그때 나는 생활과 주변 환경을 바꾸기 시작했다. 식습관을 바로잡고, 매일 짧은 산책을 하고, 내 사고 패턴을 인식하려 온종일 노력했다. 부정적 사고가 찾아오는 순간마다 이를 알아차리고, 진실과 회고로 부정적 사고에 도전했다. 내 주변 환경은 내게 도움이 되지 않았고, 이대로는 나아질 수 없다는 생각이 들었기에, 나는 이사를 해서 나만의 집이라는 감각을 새롭게 만들어갔다. 내가 변화했다는 걸 알아차린 것은 살았던 집을 찾아와 예전 룸메이트들을 만난 뒤였다. 그들은 여전히 예전 그대로였지만, 나는 내가 그때보다 강해졌으며 그들과 함께 살던 시절과는 완전히 다른 방식으로 생각하게 되었다는 것을 알게 되었다.

내 경우와 마찬가지로 변화는 쉽게 일어나지 않고, 어쩌면 변화를 당신이 알아차리지 못할 수도 있다. 그럼에도 변화는 일어난다. 누구에게나 힘든 나날은 있다. 그럴 때는 참을성을 가지고 때로 힘든 날이 하루, 이틀, 어쩌면 연속으로 사흘간 이어질 수 있다는 걸 받아들이자. 실수는 당연히 발생하는 것이고, 실패를 통해서만 앞으로 나아갈 수 있다는 걸 받아들이자. 우리는 건강한 습관보다 실수에서 더 많은 걸 배운다. 실수는 매번 우리에게 새로운 무언가를 가르쳐주며, 어째서 건강한 습관이 필요한지 상기하게 만들기 때문이다.

7. 전문가의 도움을 받는다.

모든 게 엉망인 것만 같고, 실수를 자꾸 반복하고, 갈수록 상황이 더더욱 나빠지는 것 같다는 생각이 든다면, 때로 전문가의 도움이 최선일 수 있다. 심리치료사, 의사, 자연요법치료사, 임상 상담사는 긍정적인 쪽으로 나아갈 수 있는 올바른 방향을 짚어주고 유용한 대처 기술을 알려준다. 불안을 비롯한 기분장애가 우리의 마음을 사로잡을 때면 아침마다 눈을 뜨고 노력하는 일마저 점점 더 힘들어진다. 이런 경우, 당신의 생각이 아닌 더 깊고 근본적인 다른 문제가 존재할 수도 있다. 이 문제에서 빠져나와 원하는 길로 나아갈 수 있게 도와줄 수 있는 건 오로지 전문가뿐이다.

해로운 것들은 우리를 내리누르고 더 많은 부정적 사고를 유발하므로 반드시 삶에서 없애야 한다. 해로운 것들을 없애지도, 없애려는 노력도 하지 않는다면, 더 잘 살아갈 수 있는 기회를 자신에게서 빼앗는 것이나 다름없다.

4단계

소란스러운 머릿속
생각 스위치 끄는 법

. . .

인생은 우리가 하루 종일 생각하는 것으로
이루어져 있다.

랄프 왈도 에머슨

과잉사고, 걱정, 부정적 사고의 공통점은 이 모든 것들이 정신적 소음이라는 것이다. 이런 생각들은 우리의 내면과 외면의 평화를 무너뜨린다. 이 사고들의 바탕에 존재하는 과학적 원인이 무엇이건 간에, 정신적 소음은 시간이 갈수록 우리의 정신과 결합된다. 정신적 소음은 대개 통제할 수 없거나, 우리가 통제할 수 없다고 믿으며, 때로 정신적·물리적으로 빠져나갈 수 없는 공간에서 난데없이 시작된다. 물론 이런 잡다한 생각들은 계획 짜기나 공부, 분석 같은 생산적인 일을 할 때 도움이 될 수 있다. 문제는 이 생각을 스위치로 끌 수 없어서 잠을 청하거나 깊이 잠드는 것이 어렵고, 스트레스, 걱정, 분노 같은 불편한 감정을 강하게 느낄 때다.

과잉사고, 걱정과 불안, 부정적 사고가 각각 무엇인가에 대해서는 이미 이야기했다. 정신적 소음이란 무엇이며 그것을 어떻게 식별하는지를 다시 한번 짚고 넘어가보자.

- 부정적 사고나 끊임없는 걱정이 반복된다.
- 과거의 경험이나 두려움에 관한 이미지나 '영상'을 머릿속에서 반복적으로 다시 체험한다.
- 과거의 일을 후회하며 우울해지거나 불확실한 미래가 두려운 나머지 현재에 집중할 수 없다.
- 앞으로 해야 할 일들을 비롯해 늘 너무 많은 것들을 생각하는 나머지 지금 하는 대화에 집중할 수 없다.
- 남들이 나를 어떻게 생각할지를 끊임없이 걱정한 나머지 완벽을 추구한다. 하지만 아무리 노력해도 정신적 소음에 가로막혀 목표를 달성할 수 없고, 그래서 충분히 완벽하지 않다는 기분이 든다.
- 불수의적인 사고와 몽상. 우리는 미래를 두렵다고 느끼고 바꿀 수 없는 것을 지나치게 생각하기 때문에 불확실한 모든 상황과 스트레스를 과도하게 분석한다.

이런 사고 패턴을 지속하는 사람들은 깨어 있는 시간 중 90퍼센트는 피곤하고 지쳐 보인다. 이 단계에서는 정신적 소음을 꺼버릴 수 있도록 마음을 훈련시키는 법을 설명하려 한다. 정신을 재부팅시켜서 밤에 더 편히 자고 휴식이 필요할 때 침묵을 얻는 방법을 알려줄 것이다. 정신적 소음을 끄는 방법들 중 하나는 집중 훈련을 참고, 배우고, 연습하는 것이다. 이 책에서 설명하는 다른 기술들과 마찬가지로 하룻밤 만에 연마할 수 있는 것이 아니지만, 연습하면 할수록 정신은 더욱 고요해질 것이다. 언젠가는 마치 생각에도 스위치가 있는 것처럼 자연스레 켜고 끌 수 있게 될 것이다.

고요한 마음을 위한 5가지 기술

정신을 진정시키는 특별한 기술에는 결단력, 꾸준함, 인내심이 필요하다. 스스로와 평온한 관계를 맺으면 수많은 이점이 따라오기 때문에 도움이 되는 훈련이다. 내면의 평화를 찾으면 여러 상황과 환경에서 외부의 평화를 찾는 것도 쉬워진다. 내면의 평화와 고요한 정신의 목적은 생각을 그만두는 것이 아니라 당신을 가두는 마음의 장벽을 넘어서는 것이다. 내면의 평화와 고요한 정신을 얻기 위한 다섯 가지 비밀을 알아보자.

1. 당신의 사고가 가져오는 정신적 소음에 귀를 기울이고 관찰한다.

사고에 이름을 붙이지 않고 관찰해보자. 만약 '내가 충분히 괜찮은 사람이면 좋겠어'라든지, '스스로를 다치게 하고 싶어' 같은 불편한 침투적 사고가 불쑥 찾아오면 이런 생각을 판단하지 말자. 좋거나 나쁘거나 무섭다거나 위협적이라거나 하는 부정적인 이름으로 딱지를 붙이지도 말자. 이 생각을 알아차리고 그대로 바라보자. 외면하지도 회피하지도 말자. 이런 사고가 어디에서 온 것인지 생각하지 말고 그저 그런 사고가 존재한다는 사실을 받아들이자. 그러면 당신의 사고가 가진 장악력은 약해지고, 당신은 스스로의 걱정을 통제할 수 있게 된다.

2. 의식적으로, 목적을 갖고 사고에 도전한다.

이 기술은 인지행동치료에서 중요한 것이다. 여러 심리학자들이 이 방법을 아주 중요하게 생각하는데, 이 기술을 통해 자신의 사고를 통제하거나 다른 방향으로 바꾸고 스스로의 생각과 상호작용하는 새로운 패턴이나 습관을 만들 수 있기 때문이다. 스스로의 생각에 도전하면 통제력을 되찾을 수 있다. 우선, 당신의 생각에 관해 스스로에게 질문하라. 만약 '나는 충분히 괜찮은 사람이 아니야'라는 생각이 든다면, 이 생각이 어디서 기인한 것인지 자문해보자. 혹시 비약적인 결론은 아닌지? 이런 사고는 어떤 인지적 왜곡에 들어가는 것인지? 다음으로는 긍정적인 점을 찾자. 당신이 충분히 괜찮은 사람이 아니라고 느끼게 만든 어떤 인생의 사건이 있었는가? 이렇게 질문하면서 이 생각이 어디서부터 시작된 것인지 그 뿌리를 찾아내보라. 그러면 왜곡된 사고를 진실로 대체하는 통찰을 얻을 수 있으므로 통제력을 되찾아올 수 있다.

소란스러운 머릿속 생각 스위치 끄는 법

3. 의식적으로 호흡에 집중한다.

때로 제대로 호흡하지 않기 때문에 불안해지고, 걱정되고, '거짓 경보' 트리거가 발동할 수도 있다. 눈을 감고 호흡이 어디에서 오는지 집중하자. 배인지, 가슴인지, 코인지. 그다음에는 호흡을 달리하지 말고 있는 그대로 알아차리는 연습을 해본다. 호흡이 어디서 시작하며, 자신이 어떻게 호흡하고 있는지를 알아차린 뒤, 깊고 길게 심호흡하는 연습을 한다. 숨을 들이마시며 5초를 세고, 3초간 참고, 5초에서 7초에 걸쳐 내뱉는다. 마음이 차분해질 때까지 반복한 다음 평소의 호흡으로 돌아가 다시 눈을 뜬다.

4. 편안함과 의욕을 불어넣는 차분한 음악을 듣는다.

음악이야말로 가장 강력한 치료제 중 하나다. 가수의 마음에 공감한다면 그 아티스트를 좋아하게 될 것이고, 노래의 가사가 당신에게 의미가 있다면 편안한 기분을 느낄 수 있을 것이다. 가사가 없는 연주곡을 좋아한다면 그저 리듬과 악기 소리에만 주의를 기울여보자. 눈을 감고, 여태까지는 미처 인지 못 했을지도 모를 배경 소음에도 집중해보라. 악기의 종류를 구분하고 멜로디를 외워보자.

5. 매일 운동한다.

매일같이 운동을 하면 앞에서 이야기한 '기분 좋은' 화학
물질이 분비된다. 도파민이 분비되면 두뇌의 세로토닌
생산이 쉬워지고 행복한 기분을 느끼게 된다. 행복할 때
는 스트레스를 덜 받고, 우리의 사고 역시 우리를 압도하
거나 휘어잡지 못한다. 여기서 중요한 건 몸을 실제로 움
직임으로써 과잉사고를 하거나 정신적 소음을 만들어낼
에너지를 정신으로부터 빼앗아가는 것이다.

늘 과잉사고를 하고, 과도하게 걱정하고, 부정적 사고를
한다면 정신적 소음은 더 시끄러워져서 더는 없앨 수 없는 것
처럼 느껴지기도 한다. 지금부터 두뇌를 재부팅하는 기술을
알아보자.

두뇌 재부팅

부정적 사고, 걱정, 과잉사고를 극복하는 가장 좋은 방법은
두뇌를 재부팅하는 것이다. 첫째, 변화를 받아들이고 생각들
이 정신에 불러오는 두려움을 극복할 수 있어야 한다. 둘째,
정신 상태와 사고방식을 바꾸는 법을 배우겠다는 의지를 가
져야 한다. 이때 가장 큰 의문은 **어떻게** 하면 그렇게 되느냐

는 것이다. '재부팅' 절차 대부분은 우리가 이미 이야기한 것들로 이루어져 있다. 그러나 다른 기술들은 과잉사고 패턴을 멈추기 위한 목적을 가진 것들이었다. 오늘날 대부분의 사람들의 정신이 과도하게 활성화된 상태인 가장 주요한 이유는 SNS, 새로운 기술, 매일같이 해석하고 상호작용해야 하는 새로운 정보들이 존재하기 때문이다. 현대 사회를 살아가려면 30년 전에 비해 처리해야 하는 정보가 훨씬 많다.

두뇌를 재부팅하는 방법에 관한 다음 기술들을 읽으면서, 이 기술의 목적은 생각을 그만두거나 줄이는 것이 아니라 정신을 리셋하는 방법을 알아내는 것임을 마음에 새기자.

1. 멀티태스킹을 그만둔다.

멀티태스킹에도 장점은 있겠지만, 이것이 우리의 두뇌가 과열되는 이유가 되기도 한다. 한번에 너무 많은 일에 집중하고 생각하고 실행하려 할 때 두뇌는 초점을 한 가지 일에서 다음 일로, 그다음 일로 옮겨가게 된다. 이런 방식으로 사고하면 실제로 한번에 많은 일을 처리하는 능력이 약해진다. 예를 들어, 집 청소를 할 때 처음에는 설거지를 하다가, 설거지를 끝내기 전에 청소기를 돌리고, 그다음에 조리대를 닦고, 그러고 보니 바닥을 쓸거나 닦는 일을 두 번 하게 되는 건 아닌가? 그러다 보면 집안일을 다 끝낸 뒤에는 더 지쳐버린다. 주위를 돌려보면 아직도 빨랫감과 설거짓거리가 남아 있어서 거의 아무것도 하지 못한 것처럼 느껴진다. 그것이 멀티태스킹의 폐해다.

멀티태스킹을 하면 집중하는 시간이 짧아지고 정신이 산만해지는데 이런 현상을 '원숭이 두뇌', '다람쥐 효과'라는 용어로 부르기도 한다. 멀티태스킹을 그만두려면 한 번에 한 가지에 집중하고, 한 과제를 마친 다음에 다음 과제로 넘어가자.

2. 전략적으로 몰입한다.

『정리하는 뇌』를 쓴 대니얼 레비틴은 '신중한 몰입Deliberate Immersion'을 장려한다. 신중한 몰입이란 우리가 맡은 일을 한 번에 30~50분의 시간 단위로 쪼개고 그 시간 동안 집중력을 유지하는 것이다. 대니얼 레비틴은 우리의 두뇌는 두 가지의 집중 모드로 이루어져 있다고 말한다. 작업 양성task-positive 네트워크, 그리고 작업 음성task-negative 네트워크다. 작업 양성 네트워크는 텔레비전, 가족과의 대화, 휴대폰의 SNS 알림, 집 밖에서 일어나는 일 등 외부 세계나 주변 환경에 산만해지지 않고 작업을 끝낼 수 있는 능력이다. 작업 음성 네트워크는 정신이 적극적으로 백일몽을 꾸거나 방황하며 당장 해야 할 작업에 집중하지 않는 것을 뜻한다. 즉, 해야 할 일을 끝내려 노력하는 한편으로 자꾸 다른 것들을 생각하느라 바쁘다는 뜻이다. 창조성과 영감은 작업 음성 네트워크에서 나온다. 또 우리에게는 이 두 가지 모드를 켜고 끄는 '주의 필터Attention Filter'가 존재한다. 이 주의 필터 덕분에 우리는 정돈된 정신으로 현재 우리가 놓여 있는 모드에 집중하고 주어진 일을 끝낼 수 있는 것이다.

대니얼 레비틴의 말을 요약하면, 창조적으로 생산적이고 싶다면 주의와 집중이 필요한 작업을 하려 노력하는 동시에 사회적 과제를 하기 위한 시간을 따로 빼놓아야 한다는 것이다. 즉, '상태 업데이트', 트위터, 문자 메시지, 지갑을 어디 두었는지, 말다툼을 한 배우자나 친구와 어떻게 화해할지 같은 생각을 할 시간과 공간을 늘 마련해두는 것이다. 사회적인 측면들을 하루의 특정한 시간대에 따로 빼두면 산만함이 줄어들어 더 많은 일을 끝낼 수 있고, 당신이 **한 가지** 일에 집중할 수 있도록 두뇌를 재부팅할 수 있다. 작업 음성 네트워크(백일몽, 몽상, 숙고)를 위한 시간은 자연 속을 산책할 때, SNS를 확인하며 음악을 들을 때, 책을 읽으면서 아로마 테라피를 즐길 때다. 이런 활동을 하면서 몽상을 하면 실제로 두뇌가 리셋되면서 우리가 하고 있는 일, 앞으로 할 일에 대한 또 다른, 더 건강한 관점을 가질 수 있다.

마음챙김으로
나아가는 4단계

마음챙김은 지금 이 순간 뇌를 리셋하는 아주 좋은 방법이다. '원숭이 마음'이 도저히 꺼지지 않는, '다람쥐' 상태에 놓여 있다는 생각이 든다면 마음챙김으로 돌아오자. 마음챙김은 명상, 잠, 집중과 같은 고차원의 휴식 기술이다. 다음은 마음챙김을 효과적으로 수행할 수 있는 4단계다.

1단계 : 재명명Relabel

재명명은 생각, 감정, 행동으로부터 한 발짝 물러서서 이를 설명해보는 것이다. 이 생각은 어떤 인지적 왜곡에 속하는지 자문해보자. 이 생각을 어떤 감정과 연관 지을 수 있을까? 이 생각과 느낌으로 인해 나는 어떤 행동을 하게 되나? 그 이유는 무엇일까? 이런 메시지를 파악하고 나면, 그것들이 어디서 오는지, '거짓 경보'가 울리는 때는 언제인지를 더 잘 이해할 수 있게 된다.

2단계 : 재귀인Reattribute

생각, 감정, 행동이 드러내는 메시지를 파악하고 난 뒤에는 이 생각을 바라보는 관점을 바꿔보자. 그 생각이 얼마나 중요한지 알아내자. 중요하거나 반복되는 생각이라면, 이 생각을 새로이 정의한 다음 다른 관점으로

소란스러운 머릿속 생각 스위치 끄는 법

바라보자.

3단계 : 재초점Refocus

생각을 바라보고 분리하고 의미를 덧붙이고, 이에 대한 인식을 바꾼 뒤에는 초점을 전환해본다. 중요한 건 이 생각을 지나치게 오랫동안 파고들지 않는 것인데, 그러면 두뇌가 과도하게 활성화되고 산만해지기 때문이다. 두뇌 회로를 바꾸고 리셋하려면 초점을 바꾸어보아야 한다.

4단계 : 재평가Revalue

재평가는 앞의 3가지 단계를 숙지한 뒤, 어느 정도 시간이 지나면 저절로 일어나는 단계다. 재평가란 사고, 욕구, 충동을 있는 그대로 바라본다는 뜻이다. 이런 것들을 있는 그대로 바라보면, 두뇌가 리셋되어 당신의 생각들을 올바른 '두뇌 슬롯'에 구성하고 배치할 수 있게 된다. 당신의 두뇌는 어떤 생각이나 메시지가 유익한지 파괴적인지를 자동으로 식별할 수 있게 될 것이다.

정리하자면, 두뇌를 재부팅하는 가장 쉬운 방법은 멀티태스킹을 그만두고, 지나치게 많은 작업이나 정보를 처리하거나 부담하고 있다는 사실을 알아차리고, 이런 일들에 대한 생각을 건강한 것들로 전환하고, 자신의 사고에 유념하며, 한

번에 한 가지에 집중하는 연습을 하는 것이다.

분석 마비 Analysis Paralysis

분석 마비, 또는 분석에 의한 마비는 반反패턴으로, 어떤 상황을 과도하게 분석한 나머지(또는 지나치게 많이 생각한 나머지) 결정이나 행동을 전혀 취하지 못해 사실상 결과를 마비시키는 상태다.

　나는 분석 마비는 '투쟁-도피-경직' 반응 중 경직 반응에 해당한다고 생각한다. 분석 마비란 어떤 문제를 어떻게 해결해야 할지 생각하는 데 지나치게 몰두한 나머지 어떤 선택을 해야 할지 결정하지 못하고, 그래서 아무것도 하지 않는 것이다. 분석 마비는 의사결정 기술이 부족해서 발생한다. 미국의 심리학자 허버트 사이먼Herbert Simon에 따르면 사람들은 다음 둘 중 하나의 방법으로 의사결정을 한다.

만족화Satisfice
필요나 관심사에 가장 잘 맞는 선택지를 고르는 것.

최대화maximize
한 가지 결정으로는 만족할 수 없으며 복수의 선택지를

만들어내고 자신이 선택한 애초 결정보다 더 나은 대안들이 있다고 언제나 생각하는 것.

이때 최대화를 택하는 사람들이 분석 마비를 가장 많이 겪는다. 이 사람들이 과잉사고에 시달리는 것은 실수할지 모른다는 두려움으로 인해 실패할 가능성을 피하려 하기 때문이다.

분석 마비를
극복하는 방법

분석 마비는 효율적이고 빠른 결정을 내릴 수 없어 일어나는 것이기에 의사결정 기술을 연마해 극복할 수 있다. 과잉사고가 분석 마비 상태에 이르렀을 때는 다음과 같은 방법으로 빠져나올 수 있다.

1. 결정의 우선순위를 매긴다.

결정을 여러 범주로 나눠보자. 큰 결정과 작은 결정, 중요한 결정과 그리 주의를 기울일 필요는 없는 결정을 각각 파악한다. 어떤 결정이 어떤 범주에 들어갈지를 정할 때는 스스로에게 다음 질문을 해보고 답해보자.

- 이 결정은 얼마나 중요한가?
- 이 결정을 얼마나 즉각 내려야 하는가?
- 이 결정이 다음에 일어날 일에 큰 영향 또는 작은 영향을 미치는가?
- 내가 생각한 해결책대로라면 일어날 수 있는 최상의 시나리오와 최악의 시나리오는 각각 무엇인가?

결정을 범주화하고 나면 나중에 마음을 바꾸지 않고 최종 결정을 고수하기가 더 쉬워진다.

2. '최종 목표'를 알아내 해결책의 일부로 삼는다.

결정을 해야 하는 **이유**에 골몰하면 분석 마비라는 덫에 걸릴 수 있다. 우리의 결정은 수많은 다른 생각들을 불러오게 된다. '잘못된 선택을 하면 어쩌지?' 또는 '내가 할 수 있는 일은 정말 많지만, 올바른 결정은 그중 무엇일까?' 만약 결정을 해야 하는 이유를 모르겠다면, 우선 목표나 목적이 무엇인지 정의해보자. 예를 들면, 당신이 두 가지 직업 중 무엇을 택할지 갈등하고 있다고 가정해보자. 당신은 이미 커리어가 있고 승승장구하고 있지만, 새로운 일에 도전하고 싶은 마음도 있다. 그래서 어떤 결정을 내려야 하는지, 애초에 결정을 꼭 내릴 필요가 있는지를 망설이게 된다. 그렇다면 스스로에게 당신의 목표가 무엇인지 물어보자. 5~10년 뒤 당신은 어디에 있고 싶고, 어디에 있게 될까? '최종 목표'를 점검하면 해야 할 일을 파악하기 더 쉬워질 것이다.

3. 결정을 작은 결정들로 쪼갠다.

방금 이야기한 것과 정반대에 가까운 기술이다. '최종 목표'를 살펴보면서도, 최종 목표를 더 작은 목표들로 쪼개는 것이다. 그 뒤에는 당신의 결정 역시 '작은 목표(들)'을 완수하기 위한 작은 결정들로 쪼개보자. 아무리 작은 결정이라도 여전히 의사결정이므로, 최종 결정을 내리면 끝까지 고수하도록 하자. 여전히 결정을 내리기 어렵다면, 마음먹은 바를 종이에 쓴 뒤 3~5가지 선택지를 생각해보자. 하나씩 완수할수록 목록은 짧아지고 결국은 한 가지 목표만 남을 텐데, 이런 행동 자체로 분석 마비를 극복한다는 목표를 이룰 수 있다.

4. 다른 의견을 들어본다.

목록을 만든 뒤에도 수많은 선택지가 과잉사고를 유발한다면, 가장 중요한 선택지 두 개를 골라 믿을 수 있는 사람에게 보여주자. 이때는 마음속 모든 판단을 내려놓아야 한다. 통제와 완벽주의 역시 내려놓자. 오로지 상대의 의견에만 의지하라. 만약 타인이 조언해준 선택지가 당신이 아직 확신할 수 없거나 마지막 순간 택하지 않았던 것이라면, 애초에 상대방을 찾은 것은 당신이 고민을 하고 있었으며 그 사람을 믿을 수 있었기 때문임을 상기하자. 지금까지 상대와 의견 충돌을 겪었을 때, 그 사람의 의견이 옳았던 때가 얼마나 많았던가 자문해보자. 또 무언가 나쁜 일이 일어날지 모른다는 두려움을 내려놓아야 한다고 스스로에게 말해주자. 나를 비롯해 내 삶에 중요한 많은 사람들에게 큰 영향을 주었던 인용구가 하나 있다.

"광기란 같은 일을 반복하면서 다른 결과를 기대하는 것이다"

즉, 행동이 달라지지 않는다면 결과가 달라질 거라 기대한들 변화는 영영 일어나지 않는다.

두려움
극복하기

과잉사고, 걱정, 부정적 사고 중 큰 부분은 한 가지를 중심으로 일어난다. 바로 두려움이다. 통제를 잃을지도 모른다는 두려움, 실수나 실패에 대한 두려움, 결정에 대한 두려움, 또는 그저 일반적인 두려움이다. 자기 훈련 또는 노출 훈련은 두려움을 알고 해결하는 데 도움을 준다. 두려움을 느낄 때 우리는 꼼짝도 할 수 없고, 때로는 두려움이 원하는 걸 할 수 없게 방해해 성공할 기회를 놓치기도 한다. 과도한 걱정과 과잉사고로 가득한 두뇌가 일으키는 첫 번째 반응이 두려움이다. 우리가 자신의 생각과 행동을 전적으로 통제할 수 있다고 느끼려면 두려움을 극복하는 것이 우선이다.

이제 두려움을 극복하는 기술들을 몇 가지 알아보자.

1. 두려움은 (작건, 크건) 진짜라는 것을 인정한다.

특정한 어떤 일, 또는 여러 일에 대한 두려움이나 불안을 느끼는 이들에게 그 두려움은 진짜다. 때로 두려움이 도움이 되기도 한다. 인간의 본능이 제대로 작동하고 있다는 의미이기 때문이다. 예를 들면, 밤늦은 시각에 혼자 걸어서 귀가하는 여성이 어두운 길을 혼자 걷는 것에 대해 걱정과 두려움을 느끼는 것은 당연하다. 입학 첫날, 또는 학기 중간에 새 학교로 전학하는 날도 걱정스럽고 두려울 수 있다. 뇌 수술이나 장기 수술을 앞둔 사람, 치과 진료를 예약한 사람 역시 결과가 나쁠 가능성을 두려워한다. 이런 두려움은 모두 **필요한** 것이다. 하지만 좁은 장소, 비행, 높은 곳에 대한 두려움은 모두 비이성적이며 학습된 공포다. 대상이 무엇이건 당사자에게 이 두려움은 진짜이기에, 두려움을 억지로 극복하기보다 먼저 인정해야 한다. 당사자의 해결 의지가 없다면 두려움은 극복할 수 없다.

2. 두려움을 받아들인다.

내가 이런 두려움을 가졌다는 사실을 받아들인다. 두려워하는 것이 새로운 일을 시작하는 것, 새로운 사람을 만나는 것, 새로운 동네나 도시로 이사하는 것, 부모가 되는 것처럼 큰일일 수도 있다. 아니면 발 위로 거미가 기어간다거나, 이사한 집에서 삐걱거리는 묘한 소리가 난다거나, 누가 당신에게 겁을 준다거나, 차를 운전하는 것처럼 사소한 일일 수도 있다. 두려움의 대상이 무엇이건 간에, 두려움의 존재를 받아들이자. 무시하지도, 피하지도, 거부하지도 말자. 두려움은 그 자리에 있고, 당신은 두려움을 느낀다.

3. 이성적으로 두려움을 바라본다.

두려움을 바라보는 관점을 가지자. 다음 질문을 스스로에게 해보자.

- 어떤 위험에 처했는가?
- 이 두려움이 당신을 실제로 해칠 수 있는가?
- 만약 두려움이 현실이 된다면, 어떤 일이 일어날까?
- 지금 당장 이 두려움에 직면한다면, 최상의 시나리오와 최악의 시나리오는 각각 무엇인가?

때로 비이성적 두려움은 과잉사고를 유발한다. 그러다

가 과잉사고가 새로운 두려움을 발생시킬 수도 있다. 그
러니 앞서의 질문을 스스로에게 해본 뒤 또 다른 질문들
을 해보자.

- 만약 최악의 시나리오가 발생한다면 어떤 행동을 할 수 있
  을까?
- 이 상황을 해결할 스스로의 능력을 과소평가하는가?
- 만약 최상의 시나리오가 발생한다면 어떤 행동을 할 수 있
  을까?
- 이 상황을 해결할 스스로의 능력을 과대평가하는 건 아
  닐까?

때로는 사람들이 같은 두려움을 공유하기도 한다. 같은
두려움을 가진 사람을 만나 두려움을 극복하는 노력을
함께해보자. 두려움을 다른 사람과 나누면 혼자가 아니
라는 소속감을 느낄 수 있다.

노출 치료

두려움을 극복하는 가장 좋은 방법은 이를 직면하거나 이 두
려움에 유념하여 관심을 기울이는 것이다. 나는 한동안 공공

장소에 나갈 때마다 불안했다. 그래서 식료품을 사러 가는 상황에조차도 압도당하는 기분이 들었으며 공포에 휩싸일 거라는 신체 증상에 시달렸다. 공황발작과 비슷한 증상이었다. 그래서 나는 의도적으로 사람들 앞에 나설 때마다 우선 내 생각을 바라보았고, 부정적 생각이 들 때면 그 생각에 도전하여 더 나은 생각으로 바꾸었다. 두려움이 나를 압도한다면 집으로 돌아갈 테지만, 마음을 가라앉힌 뒤 다음 날 다시 시도하기로 했다. 나는 두려움이 나를 통제하게 내버려두지 않고 자꾸만 맞서 싸웠다. 이런 것을 노출 치료라고도 한다.

노출 치료가 모든 사람에게 효과를 발휘하는 것은 아니다. 하지만 두려움에 사로잡힐 때조차 꿋꿋이 노력하기로 전념한다면 두려움을 극복해낼 수 있을 것이다. 노출 치료는 공황장애를 비롯한 기분장애에 시달리는 사람에게 심리학자들이 권하는 치료법이다.

이 치료법은 기분장애를 가진 이들이 비이성적인 공포에 맞설 수 있도록 도와준다. 그러나 장애를 가지지 않은 경우라도 배움의 의지가 있는 모든 이들에게 효과가 있는 치료법이기도 하다. 노출 치료에는 여러 유형이 있다.

실제적 노출법In vivo exposure

실제적 노출법이란 실제 상황 속에서 두려운 사물, 상황, 행동에 직접 맞부딪치는 것이다. 예를 들어 대중교통을 두려워하는 사람에게는 버스나 모노레일을 (처음에는 동

행인과, 나중에는 혼자) 타보라는 조언을 할 수 있다. 사회적 상호작용을 두려워하는 사람에게는 소규모 집단 앞에서, 나중에는 큰 규모의 사람들 앞에서 연설을 하라는 조언을 할 수 있다.

심상적 노출법Imagined exposure

믿을 수 있는 친구나 심리학자가 동석해 두려워하는 사물, 상황, 행동을 상상할 수 있도록 이끌어주는 것이다. 예를 들어, 외상 후 스트레스장애를 지닌 사람은 타인의 지도에 따라 두려움을 유발하는 과거의 사건들을 머릿속으로 시각화해볼 수 있다. 시간이 지나면서 두려움의 영향력이 줄어들 것이다.

가상현실 노출법Virtual reality exposure

앞서의 두 방법이 실제적이지도 도움이 되지도 않는다면 가상현실을 이용한다. 예를 들면, 비행공포증을 가진 사람은 가상의 비행을 해보거나 타인의 지도에 따라 시각화해본다. 가상현실은 실제 비행을 하지 않더라도 당신을 비행의 세계로 이끌어 주변 소리, 냄새, 질감을 경험하게 해준다.

자극감응요법Interoceptive exposure

두려워하는 상황의 육체적 감각을 의도적으로 불러오

는 방법이다. 예를 들면, 공황장애를 가진 사람은 공황발작으로 현기증을 느낄 때 두려움이 최고조에 달할 수 있다. 이런 사람들에게는 원을 그리며 빙빙 돌다 멈춰 서서 균형을 유지하라거나 자리에 앉으라고 지시해 현기증과 비슷한 효과를 유발할 수 있다. 스스로 현기증과 유사한 감각을 창출할 수 있다는 것을 알고 나면, 공황발작이 일어나더라도 그 신체적 효과가 그리 두려워할 만한 것이 아님을 이해할 수 있다.

노출 치료는 두뇌를 발달시키고, 두뇌 회로를 바꾸어 다른 방식으로 연결해 두려움을 극복하는 데 도움을 준다. 우리가 의도적으로 두려움을 창출할 수도, 이에 맞설 수도 있을 때, 두려움은 더는 영향력을 미치지 못하는 희미한 기억으로 남을 뿐이다.

5단계

**기분에
속지 않는 연습**

. . .

자신이 할 수 없다고 생각하는 동안은
사실은 그것을 하기 싫다고 다짐하고 있는 것이다.
그러므로 그것은 실행되지 않는 것이다.

스피노자

긍정적인 사고는 부정적인 사고와 마찬가지로 전염된다. 즉, 긍정적인 사람 곁에 있으면 그의 '기운'이나 에너지를 받아 덩달아 긍정적인 사람이 된다는 뜻이다. 긍정적 사고는 오로지 당신한테만 영향을 끼치는 것이 아니라 당신을 둘러싼 사람들과 환경에도 영향을 끼친다. 예를 들면, 입사 면접을 보러 가는 당신이 자신감 있고 긍정적인 태도로 나타나면 면접관은 당신을 채용하고 싶은 마음을 더 크게 느낄 것이다. 당신이 피곤하고, 허기지거나, 지친 모습으로 나타나면 이런 감정이 당신의 태도에서 드러나므로 최선을 다하지 못하게 된다. 그러면 면접관은 당신을 무시하고 면접에 온 다른 긍정적인 지원자를 채용하게 될 것이다. 원리는 단순하다. 긍정은 긍정을 불러오고, 부정은 부정을 불러온다.

앞서 이야기한 것처럼, 두뇌는 우리의 생각과 삶의 방식에 따라 실제로 모양과 형태를 바꾼다. 이때 더 재미있는 것은 습관, 생각, 행동을 반복하면 우리가 실제로 두뇌를 훈련시키게 된다는 점이다. 우리는 원하는 바대로 두뇌를 실행하고 행동하게 훈련시킬 수 있는데, 어떤 일을 반복하면 우리의 두뇌가 기존에는 없던 시냅스들을 연결하고 그 뒤 생각들을 행동과 결합해 습관으로 바꾼다. 그렇기에 부정적으로 사고하는 것은 스스로에게 나쁜 생각을 반복하게 하는 셈이다. 두뇌가 부정적 사고를 행동과 결합하면 나쁜 습관을 계속해서 반복하게 된다. 긍정적 사고도 마찬가지다. "당신의 인생은 당신이 만들기 마련이다"라는 말을 들어본 적 있을까? 이 말대로, 부정적 사고를 계속하면 우리는 부정적 습관을 행하고 보고 느끼고 받아들이게 된다. 그러나 (심지어 실제로 그런 믿음이 없을 때조차) 긍정적 사고를 반복하면 우리는 서서히 긍정적 습관을 보고 듣고 생각하고 받아들이게 된다.

오늘날의 세대 또는 사회에서 부정적 사고가 크게 나타나는 건 부정적인 것은 중독되기 쉽기 때문이다. 부정적 사고에서는 빠져나가기 힘들고, 이런 사고는 한번 시작되고 나면 마약 같은 작용을 해서 끊을 수가 없다. 우리가 부정적 사고를 하는 것은 회피하기 위해서다. 우울할 땐 부정적인 사고를 탓하고, 불안할 땐 걱정이 많은 것을 탓하고 싶어서다. 우리는 우리 행동이 과잉사고 때문이라 생각한다. 받아들이기 힘든 진실이겠지만, 당신의 부정적 사고는 오로지 **당신** 때문이다. 문제는, 변화가 어렵다는 것이다. 반면 기존의 행동을 계속하는 것, 익숙한 일을 반복하는 것은 쉽다. 그렇기에 우리는 어느 날 아침에 눈을 뜨자마자 "자, 오늘은 긍정적인 내가 되겠어" 하지 않는다. 그러나 사실 해답은 그것이다. 그저 아침에 눈을 뜬 뒤 긍정적인 사람이 되어야겠다고 결심하는 것, 사실 그만큼 쉬운 일이다. 하지만 새로운 일, 이전과 다른 일을 지속하는 건 쉽지 않다. 그렇기에, 여태 당신의 삶을 지배해 온 부정적 사고라는 악몽으로부터 진정으로 빠져나오고자 두뇌를 긍정적으로 바꾸고 새로이 설계하려면 전념과 헌신이 필요하다.

긍정적인 사고를 위한
4가지 방법

긍정적 사고를 개발하고 발전시키게 되면 저절로 미소가 나는 정도로 끝나는 것이 아니다. 긍정적 사고가 주변 환경을 만들고, 당신이 개인으로서 어떤 사람인가를 결정한다. 긍정적 사고는 부정적 사고처럼 우리를 사로잡는다. 고단한 날, 또는 당신을 둘러싼 모든 사람, 모든 것이 우울하고 걱정스럽게 느껴지는 날에는 긍정적으로 생각하기가 몹시 어렵다. 하지만 실제로 긍정적으로 생각할 때 우리의 오라aura와 정신은 모든 상황에서 나쁜 점을 찾는 일을 그만두기 때문에, 우리의 운명을 이루는 이 고단한 나날과 처절한 실패까지도 감사하게 받아들일 수 있게 된다. 아무리 힘든 상황이라 해도 배워갈 만한 좋은 점은 하나씩 있다. 처음에는 힘든 상황 속 긍정적인 요소를 찾는 것이 무척 어렵겠지만, 시간이 갈수록 너무 쉬워져서 나중에는 굳이 생각하지 않더라도 어느새 긍정적인 것들이 당신 곁에 자리하고 있을 것이다.

자, 그러면 어떻게 하면 좋을까? 생활 속에서 긍정적인 사고를 할 수 있는 4가지 방법을 알아보자.

1. 매일 3가지 이상 긍정적인 것들을 생각해본다.

밤에 잠들기 전 오늘 하루를 되짚어보자. 그날 있었던 모든 일들을 생각한 다음 그중에서 3가지 긍정적인 인식을 끄집어내보자. 무엇이라도 좋다. 태양이 반짝였나? 오래된 친구와 연락이 닿았나? 상사나 동료가 평소보다 성질을 덜 부려서 스트레스가 덜한 하루였을까? 긍정적인 효과를 찾으면 찾을수록 긍정적 인식을 하는 힘도 개발되므로 행복과 성공을 더 빨리 얻을 수 있다.

2. 타인에게 친절을 베푼다.

알고 보면 친절한 행동은 당신뿐 아니라 타인의 기분도 좋게 해준다. 타인에게 친절을 베풀면 그 반응으로 두뇌에서 화학물질인 엔도르핀이 분비되기 때문에 이런 행동은 실제로 우리의 영혼을 긍정적인 일들로 채우는 것과 마찬가지다. 모르는 사람에게 미소 짓기, 동료에게 인사하기, 지인을 위해 잠시 하던 일을 멈추고 사려 깊은 무언가를 해주기처럼 그 무엇이라도 친절한 행동이 될 수 있다. 타인을 미소 짓게 하면 우리의 심장 역시 미소 짓기에, 스스로를 더 좋아할 수 있게 되고 자신감도 생긴다.

3. 지금 이 순간에 존재한다.

여태까지 지겹도록 한 말이지만, 한 번 더 하겠다. 마음챙김을 잊지 말자! 지금 이 순간에 집중하면 우리를 둘러싸고 일어나는 일들에 관한 우리의 자각에 균형과 구조가 생긴다. 주변 환경을 알아차리는 한편으로 지금 이 순간에 머무르면 지금 일어나는 긍정적인 일들을 더 잘 인식할 수 있으며, 부정적 사고는 마치 소원한 친구처럼 느껴질 것이다.

4. 자기애와 감사를 연습한다.

자기 자신을 사랑하면 타인을 도움으로써 우주가 베푼 것을 돌려주는 것 역시 쉬워진다. 생각해보자. 스스로를 사랑하지 않는다면 인간관계는 금세 무너지고, 하는 일에 만족하기 힘들고, 스트레스 상황을 해결할 능력이 자신에게 있는지를 끊임없이 의심하게 된다. 하지만 자기 자신을 사랑하면 당신에게 주어진 것들에 대해 단지 그것들이 당신의 것이라는 이유만으로도 감사하게 된다.

더 많은 것을, 또는 당신의 것이 아닌 것을 요구하지 않게 되고, 부러움이나 질투 같은 것들은 신경 쓸 가치도 없는 일처럼 느끼게 된다. 그저 존재한다는 것만으로도 감사하기 위해서는 자기수용은 물론 당신이 삶에서 바라는 것이 무언가를 더 깊이 이해할 필요가 있다. 그러므로 기회가 생길 때마다 당신이 가지지 못한 것을 부러워하기보다는 가진 것에 감사하자. **언제나 남의 떡이 더 커 보이는 법이니까.**

기분 전환
(우울한 기분에 속지 말자)

우리는 대체로 기분이 울적하다는 이유로 부정적 사고에 얽매인다. 부정적이거나 걱정스러운 생각이 기분을 나쁘게 하고, 기분이 나빠지면 한층 더 부정적인 결과를 인식하고, 그러고 나면 정신이 번잡해져 중요한 결정을 내리기 힘들어지고, 나아가 과잉사고(또는 부정적 사고)로 이어지는 순환 주기인 셈이다. 침대에서 일어나고 싶지 않은 날도 있고, 의욕에 가득 차 '기분 좋은' 화학물질을 생성해 더 많은 일을 하게 되는 날도 있다. 울적한 날, 스트레스가 심한 날, 불안이나 우울감에 시달리는 날에는 생산적인 나날들을 떠올리고 그 에너

기분에 속지 않는 연습

지를 끌어오려 애써보자. 또, 때로는 그저 어두운 기분에 순응하자. 짜증을 내거나 우울한 기분을 매일의 습관으로 만들지만 않으면 된다.

진흙탕에 빠진 기분이 들 때, 어두운 기분을 조금 더 밝은 기분으로 바꾸는 방법들은 다음과 같다.

1. 운동을 한다.

앞에서 이미 한 이야기이기도 하다. 운동을 하면 두뇌에서 '기분 좋은' 화학물질이 분비되어 즉각 기분이 변한다. 또, 운동을 하면 기분을 상하게 만든 일 대신 풍경이나 호흡에 집중할 수 있기 때문에 기분 전환에도 좋다. 수분이 부족하면 기분이 더 나빠질 수 있으므로 운동하는 중간중간 잊지 말고 물을 마시자.

2. 의욕을 불러일으키는 콘텐츠를 감상한다.

움직이기도, 침대에서 일어나기도 싫은 그런 날이라면 영감을 불어넣는 영화를 보거나 희망을 주는 팟캐스트를 듣자. 사람들은 우울할 땐 우울한 기분에 어울리는 음악을 듣는 경향이 있지만, 그런 충동을 무시하고 그 반대로 밝고 행복한 음악을 들어보자. 그러다 보면 춤을 추거나 노래를 부르고 싶어질 수도 있지 않을까? 부정적이고 우울한 콘텐츠를 즐길 때보다 의욕적인 콘텐츠를 들을 때 기분이 60퍼센트 빠른 속도로 나아진다고 한다. 흥미로운 사실은, 우울할 때 우울한 기분에 어울리는 음악을 들을 때 우리는 부정적 태도에 아무런 문제가 없다고 두뇌를 훈련시키고, 그렇게 부정적인 순환 속으로 더 깊이 빠져들게 된다는 것이다.

3. 몸짓언어를 바꾼다.

느끼고 싶은 기분에 맞게 행동해보자. 자신감을 느끼고 싶다면 멋진 옷을 입고 집 안을 활보하다가 거울 앞에 서서 가슴을 앞으로 내밀고 등을 곧게 펴고 포즈를 잡아보자. 편안한 기분을 느끼고 싶다면 편한 옷을 입고 느긋하게 돌아다니되, 스스로에게 주는 메시지에 유념하자. 60초간 억지로라도 미소를 지으면 조금일지라도 기분이 나아진다. 부정적인 사고에 매몰되지 말고, 자기 자신으로 존재함으로써 이 기분으로부터 벗어나도록 하자. 우스운 행동을 하고, 많이 웃고, 스스로를 간지럽혀보기도 하고, 다른 사람에게 당신의 꿈이나 야망에 대해 이야기해보기도 하면서, 울적한 기분으로부터 빠져나와 당신이 느끼고 싶은 기분 속으로 들어가보자.

4. 매사에 감사한다.

이상하고 재미있는 사실 하나. 우리는 누군가가 매사에 불평을 늘어놓는 걸 당연하게 여긴다. 친구들이 감정을 폭발시키고, 부모가 잔소리를 하고, 상사가 투덜거리는 모습을 종종 보고, 때로는 모르는 사람들이 자기들끼리 말다툼을 벌이는 모습도 본다. 남들이 불평이나 잔소리를 늘어놓는 모습은 '당연하게' 느껴지는 반면, 누군가가 매사에 감사하는 모습은 아무래도 낯설다. "바깥에 비가 오네, 비가 와서 참 좋아"라든지, "사람들은 음식을 당연하게 여기지만, 나는 잠시 동안 이 음식에 감사하는 시간을 갖고 싶어"라는 말을 들은 적은 별로 없을 것이다. 또 "아이들이 고함을 지르고 건방지게 구는 게 참 감사해, 그건 우리 아이들이 인간으로서 자라나고 있다는 뜻이니까"라고 말하는 사람을 본 적조차 없을 것이다. 당신이 오늘 하루 있었던 모든 일에 감사하다고, 심지어 어제 있었던 일들까지도 감사하다고 소리 내어 말하는 상상을 해보자. 그러면 당신은 어떤 기분이 들고, 또 다른 사람들은 어떤 기분이 들까? 어쩌면 실컷 웃어버릴 수도 있겠지만, 중요한 건 그것 아닐까? 연습해보자.

5. 이 기분이 영원하지 않다는 걸 믿자.

생각은 당신을 좌지우지할 수 없다. 기분 역시 마찬가지다. 그러니까 앞서 이야기한 기술들을 연습하거나 실행하는 게 어렵다 할지라도 일단 해보자. 억지로라도 웃고, 억지로라도 침대에서 일어나 춤을 추고, 억지로라도 감사한 기분을 느껴보자. 자리를 털고 일어나 오늘 하루에 긍정적인 요소를 불어넣을 때 당신은 주변 환경과 당신의 행동을 통제할 수 있게 된다. 아무리 우울하고 어두운 기분이라 할지라도, 긍정적인 사고와 건강한 습관을 만들어가려고 노력하자. 이때 두뇌는 이런 상황에 어떻게 반응할지를 통제할 수 있는 사람이 바로 당신이라는 사실을 학습하게 된다.

긍정을
습관으로 만들기

때로는 긍정적 태도를 기르기에 긍정적 사고와 기분 전환만으로는 부족할 수도 있다. 두뇌가 부정적인 자극으로 시냅스를 형성하는 일을 그만두고 긍정적 자극의 시냅스를 형성하게 만들려면 습관을 만들어야 한다. 앞서 이야기한 기술들은 단기적 효과를 발휘하겠지만, 이 기술들을 매일 연습하는 데 그치지 말고 건강한 매일의 습관들을 만들어보자. 꾸준히 긍정적 습관들을 만든다면 불안감이 줄어들고 '잔걱정' 역시 덜 수 있으며 한층 느긋한 사람이 될 수 있을 것이다. 더는 하루 종일 긴장에 시달리지 않고 모든 상황에서 한 줄기 빛을 볼 수 있게 되는 그때가 바로 당신이 긍정적인 사람이 되는 데 성공한 순간이다. 머릿속이 맑아지고, 통제할 수 없는 것들을 받아들이게 된다. 즉, 통제력을 되찾았으므로 부정적 사고가

기분에 속지 않는 연습

더는 당신을 갉아먹을 수 없다는 것을 인식한 상태다.

이런 이로운 결과를 느낄 수 있도록 긍정적 습관을 만드는 방법을 몇 가지 알아보자.

1. 부정적 사고의 뿌리를 찾는다.

부정적 사고의 뿌리를 찾는 것은 하루를 살아가기 전 끝마쳐야 하는 일의 시작에 불과하다. 왜 울적한 기분이 드는 것인지, 부정적 사고의 어디에서 기인한 것인지 생각하자(다만 너무 깊이 생각하지는 말자). 타인이 한 말이 그 원인이라면, 부정적 사고의 원인이 이 특정한 사고를 둘러싼 지속적인 행동인 경우보다는 쉽게 기분을 끌어올릴 수 있다. 부정적 사고의 뿌리를 찾고 나면 다음 단계로 나아가기가 더 쉬워진다.

2. 긍정적인 행동으로 하루를 시작한다.

아침에 눈을 뜨면 살아 있다는 사실에 감사하자. 아이들, 배우자가 있다는 사실에, 아니면 머무를 집이 있다는 사실에 감사하자. 친구와 가족이 있다는 사실에도 감사하자. 하지만 무엇보다도, 당신이 존재한다는 사실, 그리고 당신이 스스로의 삶을 여기까지 끌고 왔다는 사실에 감사하자. 매일 아침, 잠에서 깨면 기분이 좋아질 만한 긍정적인 행동을 한 가지씩 해보자. 어제 해보지 않은 일을 하나씩 해보고 그것을 습관으로 만들자. 변화하고 싶다면 평소와는 다른 행동을 해야 한다. 그러니 안전지대에서 빠져나와 긍정적인 행동으로 하루를 시작해보라. 이때 그 행동은 좋아하는 음악을 듣는 것이 될 수도 있고, 좋아하는 아침 식사를 만드는 것이 될 수도 있으며, 마음챙김 산책이나 조깅을 하는 것이 될 수도 있다. 하루를 시작할 때와 마무리할 때, 잊지 말고 스스로에게 "오늘은 근사한 하루가 될 거야" 또는 "오늘은 근사한 하루였고, 내일은 더 좋은 날이 될 거야" 같은 확언을 해주자.

3. 힘든 상황에서 유머를 찾는다.

힘든 하루를 보내고 있거나, 부정적 영향 또는 입장에 마주했을 때, 남들이 모르는(가능하면 혼자만의) 농담을 만들어보자. 그 농담은 아마 생각보다도 더 우스울 것이고, 곤란한 상황에서 한 줄기 빛을 만들어내는 훌륭한 방법이 될 것이다. 예를 들면, 배우자와 싸울 때 무조건 화를 내는 대신, 상대를 과일 케이크라거나 손수레라고 부르면 무슨 일이 일어날지 상상해보자. 상대의 얼굴이 토마토나 자동차 핸들이라고 상상해보자. 나쁜 장면들로 이루어진 소용돌이 대신, 재미있는 기억들로 이루어진 토네이도가 머릿속에 휘몰아치고 있다고 상상해보자. 회사에서 잘렸다면 경제적인 스트레스라든지 앞으로 일어날 나쁜 일들에 대해 생각하는 대신 며칠(또는

몇 주) 자유시간을 보내는 게 얼마나 기분 좋을지 생각
해보자. 다음에 구할 직장은 더 좋을 거라고 생각하고,
당신이 애초에 얼마나 야심만만한 사람이었는지도 떠
올려보자.

4. 실패를 성장하기 위한 배움이라고 생각한다.

실수를 두려워하는 대신 일부러 실수를 하고 어떤 결과
가 벌어지는지 살펴보자. 그러면 실수란 해서는 안 될
일, 피해야 할 일만 알려주는 것이 아니라, 어떤 일들은
처음 상상한 것만큼 나쁘지 않다는 걸 알려주기도 한다
는 사실을 알게 될지도 모른다. 가장 중요한 것은, 원치
않은 실패로부터 배움을 얻는 것이다. 업무를 망쳐버렸
을 때, 서류 작업이 뒤섞이거나 이름을 틀리게 작성했을
때, 사과를 한 뒤 다음에는 한 번 더 확인하겠다고 머릿
속에 새겨 넣도록 하자. 절대 잊어버려서는 안 되는 친한
친구의 생일을 잊어버릴 수도 있다. 속상하겠지만, 아마
상대방은 당신만큼 속상해하지 않을 테니 지나치게 자
책하지 말자. 그 대신 내년 달력에 친구의 생일을 표시해
두고(꼭 생일뿐 아니라 일 년 중 아무 날이나) 친구를 위해
정말 멋진 일을 해주는 상상을 하자.

5. 부정적 사고를 긍정적 사고로 대체한다.

어떤 사람에게 부정적 사고는 삶을 살아가는 방식 그 자

체이기 때문에 힘든 순간에 부정적 사고를 하고 있다는 사실을 알아차리기가 쉽지 않다. 그러나 '난 이 일엔 지독하게 소질이 없어'라거나 '난 제대로 하는 일이 하나도 없어'라고 생각하는 자신을 알아차리는 순간이 온다면, 이런 생각을 의도적으로 머릿속에 새기고 그 생각을 다른 생각으로 대체해보자. '난 이 일에 소질이 없을지는 몰라도 연습을 하면 나아질 테고, 할 수 있으니까 포기해선 안 돼'라든지, '내가 제대로 하는 일이 하나도 없는 것 같다는 생각이 든다고 해서 그게 꼭 사실인 건 아니야. 내가 잘하는 일이 여러 가지 있잖아' 같은 생각 말이다. 이렇게 생각을 다른 생각으로 대체하는 과정에서 당신은 부정적 사고를 인정하고 더 긍정적으로 생각하는 습관을 만들게 된다. 처음에는 자신을 믿을 수 없더라도 괜찮다. 하지만 이런 연습을 몇 번 해본 다음 기분이 어떻게 달라졌는지를 의식해보자.

6. 인생의 부정적 드라마에 몰입하지 않는다.
오래전부터 사람들은 드라마에 열광했지만, 자신 혹은 타인의 삶에 대한 가십이나 사건 사고에 몰입한다면 드라마는 상당히 해로울 수 있다. 이런 종류의 사건들에 대한 관심을 거두면 자신의 삶에 더 집중하고 더욱 생산적인 일들을 할 수 있다. 드라마는 영화나 TV에서 즐기되, 타인이나 자신의 삶에서는 드라마를 피하도록 하자.

7. 문제가 아니라 해결책을 만든다.

문제는 삶을 복잡하게 만든다. 우리는 문제를 해결함으로써 문제를 피하고자 한다. 더 많은 질문을 던짐으로써, 상황에 몰입함으로써 문제를 풀어내자. 머릿속이 아닌 현재에 충분히 존재하자. 이렇게 하면 당신에게 찾아오는 그 어떤 의문이나 비난도 받아들일 수 있다. 차분하게 논리적으로 또는 창의적으로 임하자. 과도하게 활성화된 정신이 아닌 직감에 귀를 기울이자. 어떤 문제를 어떻게 해결할지 논리적으로 판단하기 힘들면 스스로에게 (또는 상대방, 아니면 상황에게) 생각할 시간을 며칠 주자. 문제를 일기장에 기록하고 '마인드맵' 기법을 써본다. 최대 3가지 좋은 결정을 떠올려본 다음, 135쪽에 나오는 의사결정 방법을 참고하자. 이렇게 하면 문제를 효과적으로 해결할 수 있다.

8. 반복한다.

마지막이자 가장 쉬운 방법, 지금까지 했던 것들을 반복한다. 자신이 과잉사고에 사로잡혀 있거나, 지나친 걱정을 하고 있거나, 또다시 부정적 사고의 공격을 받는다는 사실을 알아차리는 순간 이 목록의 첫 번째로 돌아가서 다시 시작해보자. 이 방법들을 매일 반복하면서 100퍼센트의 노력을 쏟아 각 단계를 실행해보자. 제대로 수행한다면 긍정적 생명력과 새로운 주변 환경이 내면에서부터 빚어지기 시작하는 걸 알아차리게 될 것이다. 서서히, 그러나 분명하게, 예전의 태도와 행동은 사라지고 긍정이 당신의 제2의 천성이 될 것이다.

6단계

생각을 끄고
삶에 주도권 갖기

．．．

불행이 우리의 판단을 통해 닥쳐오는 것이라면,
불행을 무시하거나 좋은 것으로 변화시키는 것도
우리에게 달려 있다.

몽테뉴

이 단계에서는 생각을 그만하고 '삶을 주도적으로 살 수 있는 기술'을 배울 것이다. 꼬리에 꼬리를 무는 생각이 이어지면 잠을 이룰 수가 없고, 수면 습관이 망가지면 삶을 제대로 영위할 수 없게 된다. 가장 먼저 우리는 불면증을 개선할 방법을 익힐 것이다. 다음으로는 의사결정 기술을 발달시키고, 미루는 습관을 버릴 수 있도록 효율적인 목표를 설정하고, 삶의 문제들을 현명하게 해결할 수 있는 기법을 배울 것이다. 어쩌면 이 단계는 지금까지 나온 것 중 가장 중요한 이야기를 담고 있는 건지도 모르겠다. 그러니 곧바로 이야기를 시작해보자.

불면증

먼저 수면 습관에 관해, 또 불면증이 무엇인가에 관해 이야기해보자. 에너지가 없으면 생산성을 발휘할 수 없다. 정신이 기진맥진해 집중력이 떨어진 상황에서 무슨 수로 정신적 덫을 피하겠는가?

자, 불면증이란 무엇일까? 불면증이란 밤에 잠을 푹 잘수 없는 증상, 또는 잠이 아예 오지 않거나, 오지 않는다고 느껴지는 증상이다. 머릿속 생각이라거나 일상다반사가 잠을 방해하는 것처럼 느껴져서 쉬이 잠들 수가 없다. 불면증의 증상 몇 가지를 꼽자면 다음과 같다.

- 피로
- 에너지 저하(어떤 일을 하건 간에)
- 무슨 일에도 집중하기가 어려움
- 짜증을 비롯한 기분 변화
- 사고 패턴과 수면 부족으로 인한 일터나 학교에서의 능률 저하

불면증에도 여러 유형이 있다. 지금부터 그 유형들을 살펴보자.

급성불면증 Acute insomnia

급성불면증은 상황에 따른 것이다. 예를 들면, 시험, 아직 완전히 준비를 마치지 못한 발표, 또는 몇 달간 기다린 행사 전날 밤에 잠이 오지 않는 것이 급성불면증이다.

생각을 끄고 삶에 주도권 갖기

만성불면증Chronic insomnia

잠든 뒤 수면을 유지할 수 없는 수면장애다. 이런 일이 약 3개월 이상 일주일에 3번 이상 일어나는 상태가 만성 불면증이다.

질환을 동반한 불면증Comorbid insomnia

불안, 우울 등 다른 심리적 문제가 수반된 불면증이다.

수면 개시 불면증Onset insomnia

원인이 무엇이건, 잠드는 것이 힘든 증상이다.

수면 유지 불면증Maintenance insomnia

잠들 수는 있지만 계속 수면 상태를 유지하기가 어렵고, 나아가 다시 잠들기가 어려워지는 증상이다.

불면증은 감당하기 힘들며 삶의 여러 측면에 지장을 준다. 하지만 올바른 태도와 적절한 의욕을 품고 접근하면 고칠 수 있다.

수면 습관을
개선하는 방법

위에 이야기한 증상에 해당한다거나 불면증 진단을 받았다면 다음에 나오는 방법들을 통해 수면 습관을 개선해보자.

1. 수면 루틴을 만든다.

수면 루틴을 만드는 법을 잘 모르겠다면, 갓난아기나 아이를 재운다고 상상해보자. 아마도 아이를 재우기 전 한 시간쯤 전 전자제품을 끄고, 목욕을 시키고, 간단한 간식과 물을 한 잔 마시게 할 것이다. 그다음에는 잠옷을 입히고, 이야기를 읽어준 뒤에야 아이는 마침내 잠들게 될 것이다. 꼭 안아주거나 등을 쓰다듬어주거나 노래를 불러주는 걸 좋아하는 아이도 있을 것이다. 잠자기로 한 시간보다 한 시간쯤 전부터 수면 루틴을 만들어 실행해보자. 이 루틴을 반복하고 유지하면 정신적 소음이 잦아들고 긴장이 풀릴 것이다.

2. 매일 운동을 한다.

때로 신체에 남아도는 에너지가 많아 잠이 잘 오지 않을 때도 있다. 하지불안증후군은 다리를 스트레칭하고 마사지해주면 나아진다. 아침이건 잠들기 2시간 전이건, 운동을 하면 잠자리에 누웠을 때 신체를 이완시키는 데 도움이 된다.

3. 전자제품 사용을 제한한다.

자기 전 전자제품을 사용하면 수면에 큰 지장이 생기는데, 우리의 두뇌는 TV나 휴대폰을 비롯한 전자제품이 내뿜는 블루라이트를 '낮'이라고 인식하기 때문이다. 블루라이트로 인해 두뇌의 멜라토닌(수면을 돕는 화학물질) 분비량이 줄어들고, 결국 두뇌가 낮과 밤을 구별할 수 없게 된다. 그러니 숨 쉬기 훈련이나 명상 가이드를 듣기 위해서가 아니라면 잠자기 전 전자제품은 모두 *끄자*.

4. 침대에서는 되도록 수면만 한다.

침대에서 웬만한 일상적 활동들을 모두 하기 때문에 잠이 잘 안 오는 경우도 있다. 침대에서 음식을 먹는가? 친구들과 침대에 앉아 대화를 나누는가? 침실에서 전화 통화를 하는가? 침실에 TV가 설치되어 있는가? 이런 요소들은 침대가 소파라고, 침실이 거실이라고 생각하도록 두뇌를 속인다. 정신이 침대를 일상적인 생활공간으로 생각하게 되면 침대와 수면을 연관 짓기 어려워지고, 따라서 불면증 증상이 크게 악화될 수 있다. 그러니 생활 요소를 침실에서 몰아내고 일상적 활동은 집의 다른 영역에서 하도록 하자.

5. 잠들기 전 정신 활동으로 주의를 분산시킨다.

그렇다고 휴대폰을 집어 들고 두뇌 게임을 하라는 것은
아니다. 상점을 찾아 펜, 연필, 지우개, 종이, 퍼즐 책을
사자. 읽고 싶은 책을 한 권 사면 더 좋다. 잡지를 사서 만
화를 읽거나 십자말풀이의 칸을 채워보자. 낱말 만들기
게임이나 혼자 할 수 있는 카드 게임을 골라 생각할 거리
를 만들어 정신을 활성화시키자. 수학 문제를 풀거나 일
기를 쓰자. 그렇다, 최신 기술은 잊어버리고 옛날 방식으
로 돌아가라는 뜻이다. 이렇게 하면 과잉사고로부터 주
의를 분산시킬 수 있을 뿐 아니라 밤에 잠을 잘 자는 데
도 도움이 된다.

6. 이완 기법을 연습한다.

느긋한 음악을 틀거나, 명상 가이드 영상을 보는 것은 도
움이 된다(전자제품의 도움은 이때만 받도록 하자). 편안한
자세로 누워서 코로 숨을 들이쉬고 입으로 내뱉는다. 가
슴이 아닌 복부를 이용해 호흡한다. 이 호흡법은 체내에
들어오는 산소 양을 늘려 두뇌가 편안하게 이완될 수 있
도록 활성화시킨다.

7. 무거운 이불을 덮는다.

더욱 더 편안한 기분을 느끼려면 무거운 이불을 덮는 것
이 좋다. 누군가를 껴안으면 온기와 친밀감이 느껴진다.

무거운 이불도 같은 효과를 낸다. 그렇기에 잠드는 데는 별 문제가 없었지만 밤에 다시 잠을 깬다면, 무거운 이불이 큰 노력 없이 다시 잠들 수 있게 하는 안전망 역할을 해줄 것이다. 수면 유지가 어려운 경우에는 잠들 때 잔잔한 음악을 틀어놓는 것도 좋다. 도중에 깨더라도 음악이 자장가처럼 다시 잠들게 해줄 것이다.

지금까지 이야기한 기법이 잠을 잘 자는 데 도움이 되면 좋겠다. 즉각 효과를 보지는 못하더라도, 자기 전 한두 시간 전부터 꾸준히 실행하는 습관을 만들면 언젠가는 효과를 볼 수 있을 것이다. 이런 기법과 더불어, '걱정 시간'은 잠들기 한참 전에 배정해야 것을 명심하자. 잠을 자기 직전에 많은 걱정과 생각을 곱씹으며 시간을 보낸다면 이런 생각들이 수면 루틴까지 이어지게 되고, 그러다 보면 우리의 두뇌는 잠들 때가 다가오면 이제 생각을 할 시간이라고 학습하게 되기에 잠이 더더욱 오지 않을 것이다. 우리가 원하는 건 그런 게 아니다.

후회 없는 의사결정과
문제 해결 기법

복잡하거나 힘겨운 문제를 해결하려면 효과적인 의사결정 기술이 있어야 한다. 또, 효과적으로 문제를 해결하는 사람이 되려면 자신이 하는 결정이 문제 해결의 결과를 만들어낸다는 사실을 이해해야 한다. 나는 이 두 가지 기법을 하나로 묶었는데, 두 가지는 한 콩깍지에 든 두 개의 콩과 같은 것이기 때문이다. 의사결정 기법에 대해 알게 된 것들은 문제 해결에도 밀접하게 연관된다.

모든 기술에는 이를 위해 배워야 하거나 배울 수 있는 또 다른 여러 가지 기술이 따라붙는다. 효과적인 문제 해결을 위한 기술들은 다음과 같다.

문제 해결을 위한 기술

- 정해진 목표나 결과를 위해 선택할 수 있는 다양한 결정들을 살피는 노력
- 자기 성찰과 자기 인식
- 창의력 또는 분석 기술
- 효과적인 의사소통 기술
- 정리 기술

결정을 내리고 실행하기 위해, 자신의 태도와 사고를 성찰하기 위해서는 지금 이야기한 기술들이 필요하다. 사람들은 대체로 정해진 목표를 달성하기 위한 다양한 선택지들을 떠올린다. 이때 정리 기술과 창의력을 가진다면 이런 기술들을 실행하고 조목조목 검토할 수 있기에 최종 결정에 한 발짝 더 다가갈 수 있게 된다.

이러한 문제 해결을 위한 기술을 위해서는 다음의 5가지 능력이 뒷받침되는 것이 좋다.

+ 문제 해결 기술을 위해 필요한 능력

- 창의력과 논리적 추론 능력
- 조사 능력
- 의사소통과 사회화 능력
- 정서지능
- 의사결정

패턴이 보이는가? 이 다섯 가지 능력들은 거의 모두 다음에서 말할 의사결정 과정과 서로 연관을 맺고 있다. 정서지능은 혼자 힘으로 생각하고 스스로의 태도를 돌아보며 타인을 향한 연민을 느낄 수 있게 만들기 때문에 의사결정과 문제 해결 기술 모두를 발달시키는 데 도움이 된다. 정서지능은 곧 원하거나 필요한 것을 공손한 방식으로 얻어낼 수 있는 의사소통 기술인 사회지능과 연결된다.

자, 그러면 해결해야 할 문제를 어떻게 다뤄야 하는지 조금 더 자세히 알아보자. 문제는 목표와 장벽으로 이루어져 있다. 우리한테는 닿고자 하는 목표가 있는데, 이 목표에 다가가는 길에는 험난한 산, 즉 장벽이 버티고 있다. 문제 해결이란 최종 목적지, 바로 우리의 목표로 다가가기 위해 이 장벽을 넘는 일이다.

문제 해결을 위한 5단계

문제를 해결하려면 우선 다음과 같은 단계를 차례차례 밟아야 한다.

1단계: 문제를 파악한다

문제가 발생하는 단계다. 이 단계에서 문제는 분산되어 있고 명확하지 못하기에 엄청나게 크게 느껴질 수도 있다. 그러나 잘 생각하고 파악하면 실제 문제가 무엇인지를 정의할 수 있다.

생각을 끄고 삶에 주도권 갖기

2단계: 문제를 조사한다

이 단계에서는 주요 문제를 둘러싸고 있는 자잘한 문제들을 관찰하고 분리하는 법을 배운다. 장벽을 살펴보고, 이 장벽에 대해 어느 정도 조사를 해본다. 이런 과정에서 우리는 문제를 해결하는 방법을 머릿속에서 좀 더 선명히 그려보게 된다.

3단계: 다양한 해결책을 생각해 목록으로 만든다

문제를 정의하고 분리했으며 어떤 장벽들이 있는지 전부 식별했다면 이제 가능한 해결책들을 찾기 시작한다. 문제에 대한 해결책을 찾을 때는 우리가 가진 **창의력 기술**에 바탕을 두고 문제 해결 결과들을 목록으로 만들어볼 수 있다. 이 목록을 통해 우리의 두뇌는 지나친 평가 없이 해결책을 찾는 데 착수하게 된다.

4단계: 결정을 내린다

여러 해결책을 목록으로 만들었다면 이제는 결정을 내릴 차례다. 우리가 가진 **논리적 추론** 또는 **의사소통 기술**을 이용해서 앞 단계에서 만든 목록 중 최선의 해결책을 고른다. 결정을 내린 뒤에는 이 결정을 고수하며 다음 단계로 나아간다.

5단계: 행동을 취한다

우리가 가진 기술들을 총동원해 최종 결정을 내리고, 이 결정을 행동으로 실행하는 마지막 단계다. 앞으로 나아갈 때는 돌아보지 않아야 한다. 실수를 했다 한들, 그 사실은 나중에야 깨달을 수 있다. 이때 이미 한 결정을 되돌아보거나 다시 결정을 물리라는 정신적 소음에 귀를 기울이지 않아야 한다. 행동을 취한다는 것은 두려움을 극복하고 우리가 할 수 있는 모든 조치는 이미 했으며 앞으로 우리는 결정을 내린 대로 실행하리라는 것을 받아들이는 일이다.

근본적으로 문제 해결이란, 우리의 목표나 목적지에 다가가기 위해 어렵거나 힘겨운 과제를 풀어나가는 방법들을 찾는 일이다. 문제 해결 단계는 문제를 푸는 과정에서 장벽을 얼마나 빨리 넘어설 수 있는지를 결정한다. 우리의 정신은 과잉사고나 때늦은 후회로 그 과정을 방해하곤 하는데, 후회 없는 결정을 하는 방법을 배워야 하는 건 바로 이 때문이다.

의사결정 기술을 키우는 방법

사람들이 대부분 의사결정에 어려움을 겪는 것은, 생각해낸 해결책이 실패로 이어지지 않는 완벽한 결정이라 믿고 싶은 마음에 실행을 미루기 때문이다. 실패는 최선을 다하지 않았다는 두려움에서 오는 것이고, 이는 완벽주의 성향에서 기인하는 것이며, 그 결과 의사결정 단계를 미루게 된다. 이런 악순환을 멈추는 효과적인 방법 하나는 당신이 내리거나 내리려는 결정을 이미 철저히 조사했으며 정신적·신체적으로 정의 내리기를 마쳤고 다른 선택지는 없다는 자신감을 갖는 것이다. 당신이 내린 결정에 확신을 가지고, 기대한 결과를 얻지 못했다 해도 거기에서 배움을 얻도록 하자. 결국에는 오로지 긍정적인 것만 남겨야 한다.

먼저 의사 결정을 위해 기본적으로 해야 할 사항부터 이야기해보자. 기본 사항을 논의를 한 다음, 우리는 다른 선택지를 검토하며 이 기본 사항과 결합해볼 것이다.

의사 결정의 기본 사항

1. 생각하는 시간을 계획해둔다.
하루의 일과 속에 당면한 '문제'에 관해 생각할 시간을

의도적으로 만들어두면 이 문제를 둘러싸고 할 수 있는
결정이 어떤 것들이 있을지 알 수 있다.

2. 결정들을 정의한다.

문제를 정의해야 하는 것과 마찬가지로, 당신이 할 수 있
는 결정들을 정의하고 펼쳐본다. 한 번에 **한 가지** 문제를
놓고 이에 대한 여러 가지 결정들을 선택해보자. 선택지
를 펼쳐놓은 다음에는 한 발짝 물러서서 무엇이 최선의
길인지 생각해보자.

3. 모든 선택지를 충분히 생각한다.

이 시점에서 떠오른 모든 선택지를 제대로 생각해볼 필
요가 있다. 추가로 더 많은 결정을 떠올리지는 말자. 선
택지가 많아지면 많아질수록, 씹기 힘들 정도로 커다란
파이가 되어버리기 때문이다. 문제를 해결하고 목표에
다다를 수 있도록, 지금까지 떠오른 선택지(3개에서 5개
로 제한한다)를 신중하게 살펴보자.

여기까지가 효과적인 의사결정을 위해 해야 할 기본 사
항이라면, 다음은 결정 후 추가로 점검해볼 사항들이다.

1. 나의 도덕관, 가치관을 자문해본다.

도덕관과 가치관을 자문하는 것은 우리에게 자기 인식을 알려주고 우리가 외면하고 싶지 않은 방식으로 의사 결정 과정을 바라보게 해주는 중요한 과정이다. 눈앞에 두 가지 결정이 놓여 있다고 생각해보자. 첫 번째 선택은, 당신보다 유리한 위치에 친구를 올려놓고 친구의 이익을 위해 당신 자신을 희생하는 것이다. 두 번째 선택은, 당신이 유리한 위치로 올라가고 친구를 당신의 '조력자'로 만드는 것이다. 이때 두 가지 선택지 중에서 당신을 가장 행복하게 해주는 쪽을 택해야 한다. 당신 자신을 위한 다른 아이디어가 있기에 친구가 당신보다 잘되는 쪽이 행복하다면 첫 번째 선택지가 낫다. 하지만 친구가 이미 잘되고 있고, 지금은 당신이 더 높이 올라가야 한다면 두 번째 선택지가 낫다. 당신의 핵심 가치가 무엇이건 간에 그 가치를 절대 놓아서는 안 된다. '만약 ○○○한다면 어떨까?' 하고 가정해보는 건 전혀 재미있지도 도움이 되지도 않기 때문이다.

2. 결과를 상상해본다.

눈을 감고 당신이 떠올린 결정들을 실행하면 어떤 일이 일어날지 상상해보자. 최선의 시나리오와 최악의 시나리오를 그려보자. 내가 감당할 수 있는 수준인지 자문해 본다. 그렇다고 너무 열심히 생각하지 말고, 5분의 시간 제한을 둔다. 타이머가 울리면 최종적으로 가장 행복한 기분을 느끼게 한 결정을 택한다.

3. 시험한다.

이 방법이 효과적인 상황도 있다. 예를 들면, 일터에서 전근을 요청하는 경우, 전근하게 될 도시를 찾아가서 그곳에서 어떤 기분이 드는지 생각해보자. 설레는 기분이 든다면 전근을 선택하되, 마음이 무겁다면 자신의 본능에 귀를 기울이고 이 선택을 하지 말자.

4. 희망에 귀를 기울인다.

희망이란 본능의 나침반 역할을 한다. 희망은 당신에게 어떤 일을 하라고 외치는 본능이다. 그렇기에 어쩌면 당신이 진심으로 바라는 것과 머리로 생각하는 것이 서로 다를 수 있다. 만약 동전 던지기를 한다면, 당신은 어떤 쪽이 나오기를 희망할까? 본능에 귀를 기울이자. 이런 희망을 거스르는 결정을 내린다면 결국 그 결과에 만족하지 못할 테고 다른 선택을 할걸 하고 후회하며 기나긴 시간을 보내게 될 것이다. 본능에 귀를 기울이자. 대부분의 경우 당신의 본능은 옳다.

목표 설정과 달성에는
자신감이 필요하다

자신감은 스스로의 판단, 능력, 힘, 가치, 그리고 무엇보다도 결정이 옳다고 긍정적으로 확신하는 기분을 느낄 때 생긴다. 자신감과 자존감의 차이는, 자존감은 스스로의 가치를 평가하는 것이지만, 자신감은 우리가 마음먹은 바를 해낼 수 있다고 전적으로 스스로를 신뢰할 수 있는 능력이다.

다음은 자신감 있는 사람의 특징이다.

- 다른 사람들이 반대하거나 비판하더라도 굴하지 않고 스스로 옳다고 느끼는 대로 행동한다.
- 어떤 상황에도 굴하지 않고 원하는 것을 얻기로 마음먹고 실행한다.
- 실수를 인정하고 자신이 한 행동에 책임을 진다.
- 타인으로부터 칭송받을 필요를 느끼지 않기에 수용이나 인정만을 기대한다.
- 자신의 성취를 자랑하거나 떠벌리지 않는다.
- 칭찬을 받으면 기꺼이 받아들인다.
- 취약함을 편안하게 느낀다.
- 통제하거나 질투할 필요를 느끼지 않는다.
- 관계가 틀어져도 스스로를 탓하지 않고 상대 역시 탓하지 않는다.

- 자신이 하는 결정이 좋은 결정이라 자신한다.
- 자기 인식과 자기주장이 강하다.

지금까지 이야기한 것들은 목표를 세우고 유지하며 스스로의 가능성을 펼칠 수 있는 사람의 완벽한 특성들이다. 자신감이 있는 사람은 마음을 열고 위험을 감수하며, 미지의 것을 크게 두려워하지 않는다. 하고자 하는 일을 할 수 있을 만큼 자신감이 있기 때문이다.

자신감 기르는 법

앞에서 말한 특징이 당신한테 해당되지 않는다 해도 안심하라. 이런 특성들은 배워서 익힐 수 있는 것이기 때문이다. 자신감을 기르려고 노력하지 않아도 원하는 것을 이룰 수는 있지만, 시간이 더 오래 걸리고, 또 목표가 더 멀게 느껴질 수도 있다. 마치 목적지에 도달하기 위해 끝도 없는 높은 산을 타고 오르는 듯한 기분이 들지도 모른다. 삶이란 원래 그런 것이라고 말하는 사람들도 있지만, 삶을 꼭 그렇게 힘들게 살아야 하는 걸까? 자신감을 기르고 향상시킬 수 있는 방법을 몇 가지 소개하겠다.

1단계: 모험을 구상한다

자신감을 기르기 위해서 꼭 준비해야 할 것 5가지가 있다. 이것들은 아래에서 설명하겠다. 모험을 시작하려면 지금 자신이 어디에 있으며 어디로 가고자 하는지를 알아야 하고, 이 목표를 이룰 수 있으며, 이루게 되리라 믿어야 한다. 긍정적 사고를 기르고 기꺼운 마음으로 변화에 전념해야 한다.

지금까지 이룬 것들을 돌아본다

앞으로 이루고 싶은 목표들을 생각할 때, 우선 당신이 지금까지 살면서 해낸 5가지 일들을 생각해보자. 마라톤에서 1등으로 골인했는가? 핫도그 먹기 대회에서 우승했나? 고등학생 때 A를 받는 우등생이었을까? 나무에서 내려오지 못하는 고양이를 구조한 적이 있는가? 아니면 타인의 목숨을 구한 적이 있을까? 크건 작건 모든 성취에는 의미가 있다.

강점을 파악한다

성공한 일들의 목록을 만들었다면 이제 당신의 장점을 알아보자. 어쩌면 이 목록 속 성취 중에는 최선을 다하지 않았고 다음에는 더 잘, 더 많이 할 수 있었으면 하는 일도 하나쯤 있을지 모른다. 자신의 강점을 찾아냈다면 이제 당신의 목표가 무엇인지, 또 당신이 가진 강점을 발휘하지 못하도록 막는 장벽이 무엇인지를 알아보자. 무엇을 하고 싶은지 자문해보자. 어느 장소에 있고 싶은가? 또, 어떤 사람이 되고 싶은가? 모험은 아직 늦지 않았다.

나에게 가장 중요한 것이 무엇인지 알아낸다

자신감을 기르기 위해 가장 중요한 것은 목표를 수립하고 이루는 것이다. 자신감의 초점은 목표를 완수하고 이를 위해 온 힘을 다한 다음 또다시 새로운 목표를 찾을 수 있는 능력이다. 더 많은 성취를 거둘수록 자신감도 더 커진다. 실패하거나 실수하더라도 자신감이 있으면 실수를 통해 성장하고 다음번에는 더 열심히 노력하는 법을 배우게 된다. 자신에게 가장 중요한 것이 무엇인지를 알고 나면, 사랑하는 일을 하는 건 무섭지 않다는 사실, 실패한 시도 역시 과정의 일부라는 사실을 알게 될 것이다.

마음을 관리한다

이 책 전체가 마음을 잘 관리하는 법을 담고 있다. 이 과정을 수행하는 내내 긍정적으로 임하는 연습을 해야 한다. 부정적 사고에 도전하고, 지속적으로 두뇌를 재부팅하고, 성가신 걱정을 잠재우도록 노력하자. 자신이 가진 부정적인 측면에 맞서고 생산적이고 긍정적인 측면을 포용하는 한편으로 더 큰 자신감을 가질 수 있도록 말이다.

성공에 전념한다

모험을 시작하기 위한 마지막 단계는 어쩌면 제일 중요한 것일지도 모르겠다. 바로 어떠한 일이 있더라도 목표를 달성하는 데 전념하리라고 스스로와 약속하는 일이다. 하루하루 더욱 더 긍정적 사고에 집중하고, 원치 않는 사고들은 쫓아버리면서 최선의 내가 되겠다고 스스로에게 맹세하는 것이다. 그런데 잠깐, 그뿐만이 아니다. 전념한다는 것은 당신이 **할 수 있다고, 해낼 것이라고** 믿는 것이다.

2단계: 여행을 떠난다

이제 당신의 걸작을 완성하는 여행을 떠나보자. 이 단계에 이르면 당신은 이미 지금까지 해낸 모든 일을 자신만의 기준으로 평가하는 단계를 모두 마친 뒤일 것이다. 앞으로도 실수를 하게 되리라는 사실을 받아들이면서도, 자신을 믿어야 한다. 스스로가 가치 있는 존재라고 생각하기에 앞으로 더 많은 일을 이뤄내기로 전념했다고, 자신감과 자부심을 담아서 말할 수 있어야 한다. 처음에는 작고 쉬운 목표부터 이루고, 그다음에는 차근차근 점점 더 큰 목표를 이루면서 발전해보자. 모든 '승리'를 대단하게 생각하며 자신에게 커다란 보상을 해주자. 그러면 자신감도 더 빨리 커진다.

지식을 쌓는다

목표들을 목록으로 만들었다면 이제 살펴본다. 강점 목록도 살펴보면서, 목표를 이루려면 어떤 기술을 발전시키거나 배워야 할지 생각해보자. 목표를 이루는 방법에 대한 아이디어가 떠올랐다면 수업을 듣고 지식을 쌓아 목표를 이루는 길을 차근차근 밟아가자. 원하는 일을 할 자격을 얻을 수 있도록 자격증을 취득해보자.

기본에 집중한다

작은 일들부터 하되, 잘 하자. 완벽하려 애쓰기보다는 변화를 꾀하고 기본에 집중하자. 당신의 여정은 이제 막 시작이니 달성할 수 없을 정도로 세세하고 복잡한 목표를 이루느라 압도당하는 일은 피하자. 이런 일들은 나중에 하면 된다.

작은 목표를 정하고 완수한다

처음에는 다음과 같은 루틴을 따른다. 목표를 설정하고, 달성하고, 성공한 걸 축하한 뒤, 지난번보다 조금 더 어려운 목표로 나아간다. 목표를 설정하고 달성하는 습관을 만드는 게 이 단계의 목표다. 시간이 지나면 목표 역시 점점 커질 것이다. 이때 중요한 것은 목표를 점층적으로 키워나가면 최종 목표에 도달했을 무렵에도 그것이 그리 어렵다 느끼지 않게 된다는 점이다.

생각 정리를 계속한다

머릿속에서 일어나는 부정적 사고, 과잉사고의 소음에 맞서는 노력을 꾸준히 하자. 계속해서 긍정적 태도로 앞으로 나아가고, 불확실한 것들을 둘러싼 두려움을 놓아버리자.

3단계: 실행, 성공을 향해 나아간다

지금까지 나온 모든 단계를 완수했다면 이제 실행에 나설 차례다. 이 단계에서는 목표 달성을 위한 준비를 마친 상태다. 이제 어떤 모험을 할지 모두 알았고, 탐색 역시 마쳤으며, 지금까지 모은 모든 데이터를 실행할 준비가 끝났다. 이제 더 어렵고 장기적인 목표를 완수하기 위한 행동을 취한다. 목표를 하나씩 이룰 때마다 보상도 성취감도 더 커진다. 예를 들면 부동산 구입이라거나 회사 관리자가 된다는 원하는 목표에 도달했다면, 지금까지 이룬 모든 성취를 축하하고, 이번에 잘 해냈으니 앞으로 그 어떤 일을 하더라도 성공하리라는 자신감을 가지면 된다. 자신감은 하룻밤 만에 기를 수 있는 것이 아니다. 지금부터 몇 년 뒤(어쩌면 몇 주, 몇 달 뒤) 이 모험을 처음 시작했을 때보다 더 자신감을 갖게 되었다고 말할 수 있을 뿐이다.

인간관계 바꾸기

부정적인 사고를 하게 되는 이유가 주변 사람들 때문인 경우가 상당히 많다. 과잉사고를 유발하는 것은 우리가 내린 결정, 그리고 옆에 있는 사람들이 우리에게 하는 말에 영향을 받기 때문이다. 지금까지 자신 있게 현명한 선택을 하는 법을 배웠으니, 이제는 스스로를 위한 결정을 내릴 때다.

다음은 우리 삶에 존재하는 부정적인 사람들의 특성이다.

- 잔걱정을 일삼는다.
- 우리의 삶에 자기 의견을 강요한다.
- 숨기는 게 많다.
- 세상을 염세적으로 본다.
- 우리가 하는 제안이나 말에 민감하게 반응한다.
- 불평이 끊이지 않는다.
- '하지만'이라는 말을 참 좋아한다.
- 자신이나 자기 삶을 고치려 노력하지 않는다.
- 변명을 한다.
- 우리의 에너지를 빨아들인다.
- 긍정적인 일에서 부정적인 면을 본다.
- 이기적이다.

생각을 끄고 삶에 주도권 갖기

부정적인 사람
대처하는 법

우리가 맺고 있는 관계, 우리 주변에 함께하는 사람들이 우리를 행복하게 한다. 부정적인 사람을 마주하면 긍정적인 기운이 잦아들기 시작하고, 결국 이 책을 집어 들기 전 당신이 가지고 있던 똑같은 습관 속으로 되돌아가게 된다. 많은 사람이 타인의 행동을 스펀지처럼 흡수하는 건 인간이 사회적 동물이기 때문이다. 우리는 사랑하는 사람의 기분을 상하게 하지 않으려 하는 동시에 혹시 내가 무언가 잘못해서 상대의 기분을 상하게 한 걸까 걱정하기도 한다. 물론 모두와 잘 지낼 수 있는 건 아니지만, 그럼에도 우리는 노력을 멈추지 않는다.

부정적인 사람에게 대처하는 건 쉽지 않지만, 이런 사람들을 대할 때 잊지 말아야 하는 핵심 원칙이 있다. 바로 우리는 이 사람들을 통제할 수 없다는 사실이다. 그저 이 사람들과 함께한 결과로 내가 하게 된 행동을 통제할 수 있을 뿐이다. 상대와 선을 긋고 자기주장을 하는 방식으로 두 사람 사이의 관계를 고치고 수습하고 지속할 수 있다면 그렇게 해도 좋다. 하지만 그럴 수가 없고, 아무리 노력한들 상대와 의사소통을 할 때마다 맥이 빠지는 기분이 든다면 상대와 완전히 관계를 끊거나 대화하는 빈도를 줄이는 것이 최선이다.

다음은 부정적이거나 해로운 관계에 건강하게 대처하는 방법들이다.

1. 긍정적인 선을 긋는다.

부정적인 사람들은 자신이 부정적이라는 걸 까맣게 모르거나, 자신의 부정적인 면이 상대방의 감정에 영향을 미친다는 사실에 관해 생각조차 않는다. 해로운 사람과 의사소통을 할 때는 내적·외적으로 선을 긋는 것을 고려하자. 상대가 나의 기분을 상하게 만들도록 내버려두지 않겠다고 마음먹자. 그 사람과 함께 있을 때 기분이나 생각이 바뀌기 시작한다면 물러나야 한다. 상대가 더욱 긍정적인 태도를 배우지 않는 한 이 대화를 더는 이어가지 않을 거라 친절하게 말해준 뒤 예의바르게 그 자리를 떠나자.

또 다른 방법은 상호작용을 시작하는 것이다. 대화를 시작하기 전에 우선 자신의 기분을 끌어올리고 상대방도 긍정적인 기분이 들게 만들자. 부정적인 사람에게 긍정적으로 행동하라고 말한다면 상대방은 기분이 상할 수 있다. 하지만 당신이 먼저 긍정적으로 행동하고 상대에게 긍정적인 느낌을 준다면 당신의 기운 덕분에 상대 역시 마음이 가벼워져 상호작용을 통해 긍정적 태도를 돌려줄 것이다. 이렇게 하면 친근감은 커지고 갈등은 줄어든다.

2. 이 우정이나 관계가 가치 있는지 자문해본다.

당신이 맺고 있는 관계들에 대해 몇 가지 질문을 스스로에게 해볼 필요가 있다. 당신이 알고 있고 더 알아가고 싶은 사람들의 이름을 모두 써보자. 그다음에는 이런 질문을 던져보자. "이 사람은 내게 어떤 의미일까? 나와 이 사람의 관계는 어떤 것인가? 부정적인 관계인가? 별 이유 없이 만나서 어울리게 되는 일이 얼마나 자주 있는가? 어쩌면 이 관계는 상대가 내게 무언가를 바라기 때문에 이어지는 걸까?" 의외의 답이 나올 수도 있고, 아닐 수도 있다. 어느 쪽이건 그 답들은 이 관계가 신경 쓸 가치가 있는지, 완전히 끝내는 것이 최선일지 결정하는 데 도움이 될 것이다.

3. 감정이 실린 말이라도 감정적으로 받아들이지 않는다.
부정적인 사람이 당신에게 던지는 말은 어쩌면 그 사람이 오늘 기분이 나빠서, 또는 자기 나름의 의견이 있어서, 남을 재단하는 사람이어서, 어쩌면 조언을 해서 당신을 도와주고 싶다는 기분으로 한 말인지도 모른다. 그럼에도 그 사람이 하는 조언에 담긴 의도가 무엇인지, 이 대화 때문에 어떤 느낌이 드는지 판단하는 것이 좋다. 상대방이 당신에게 한 조언은 그 사람이 정말 당신에게 필요한 것을 깊이 고민했기 때문인가, 아니면 당신에게 그저 이래라저래라 하고 싶어서일까? 긍정적인 사람은 자신에게 옳은 일이 무엇인지 알고 있다는 자신감이 있기에 타인이 하는 말을 가볍게 들어 넘긴다. 상대의 말투에는 신경 쓰지 말고, 말의 내용에 집중해 그 안에 담긴 의도를 알아내도록 하자.

4. 반응하지 말고 행동한다.

앞에서 이야기한 부정적인 사람의 특성을 보면 긍정적으로 사고하기 어려운 사람들이 어떤 사람인지 감이 잡힐 것이다. 그러므로 다음번에 그런 사람을 만나면 기회가 오기를 기다리지 말고 의도적으로 긍정적인 감정을 자아내자. 칭찬을 하거나 그 사람의 존경스러운 점을 말해주면서 상대의 기분을 띄워주자. 그러면 긴장이 풀리고 상대가 당신에게 무엇을 기대할 수 있는지를 자연스레 보여줄 수 있다.

5. 이 관계의 실체를 정의한다.

우리는 각자의 시선으로 상황을 판단하기에 타인도 우리와 같은 방식으로 생각하게 만들려 할 때가 많다. 조언을 하고 상대가 받아들이지 않으면 불신감을 느껴 화를 내거나 불편한 기분이 된다. 부정적인 사람을 대할 때는 이 관계의 실상이 무엇인지, 상대가 실제로 어떤 사람인지를 생각해보자. 이 사람은 왜 부정적인가? 이 사람이 긍정적인 태도를 가질 수 있도록 돕는 동시에 당신 자신을 지킬 수 있는 방법은 무엇이 있을까? 할 수 있는 일을 다 했다면 이제 휴식을 취하자. 부정적인 사람과 함께하

생각을 끄고 삶에 주도권 갖기

는 시간은 짧게 줄이고, 그 사람과의 유대관계를 바라보는 관점을 바꾸어보자. 우선 스스로에게 이렇게 말해보자. "내가 친구에게 해줄 수 있는 일은 있는 그대로 사랑해주는 게 다야. 필요할 때는 도움을 줄 수 있어. 그러나 상대가 변화를 받아들이려 하지 않는다면 나는 상대방의 욕구를 이해하는 것만큼 나 자신에게 최선인 일을 해야 해."

6. 당신은 해결사가 아니다.

"도움을 바라지 않는 사람을 도울 수는 없다"라는 말이 있다. 변화하려 들지 않는 부정적인 사람을 돕느라 에너지를 낭비하기보다는 그저 상황을 그대로 받아들이는 것이 나을 때도 있다. 과도한 걱정을 극복하기 위해서는 통제할 수 없는 것을 놓아주어야 하기 때문이다. 그러므로 부정적인 친구가 부정적인 태도를 버리지 않는다면, 당신은 상대의 문제를 해결해주려 그 사람과 친구가 된 게 아니라는 사실을 상기하자. 당신이 그 사람과 친구가 된 이유는 당신이 그 사람 곁에 있어주기를 택했기 때문이다. 만약 그 사람을 완전히 떠나야 하는 시점이라는 생각이 든다면 아마 그것이 최선일 것이다. 바꾸려 하지 마라. 그리고 죄책감을 느끼지 말자.

배우자와의 관계를
변화시키는 법

해로울 정도로 부정적인 친구들은 그렇다 치고, 해로운 배우자는 당신의 부정적 사고 패턴에 더 큰 악영향을 미칠 수 있다. 인간관계는 어렵고, 노력이 필요한 일이다. 하지만 두 사람의 관계가 해로운 것이 반드시 두 사람 모두 건강하지 못해서인 건 아니다. 둘 중 한 사람만 문제일 때도 있다. 해로운 사람, 또는 해로운 배우자는 자신이 해롭거나 부정적이라는 사실을 모를 수도 있다. 자기의 욕망, 바람, 절망, 목표, 흥미에 몰두한 나머지 당신의 감정에 신경 쓰지 않기 때문이다.

지금 맺고 있는 관계가 해로운지를 알기 위해 다음 질문들을 스스로에게 해보자.

- 그 사람과 함께일 때 어떤 감정이 드는가?
- 당신의 배우자는 자녀들과 당신의 삶에 어떤 영향을 미치는가?
- 그 사람과 함께 있으면 정서적으로 스트레스를 받거나 소진되는 기분이 드는가?
- 그 사람과 함께 있을 때 평소보다 더 긴장하는가?
- 그 사람은 타인을 조종하는 사람 또는 정직하지 못한 사람인가?
- 평소와 비교했을 때 그 사람과 함께 있을 때 기분이 좋은가,

나쁜가?

- 그 사람과 함께하는 삶은 그 사람이 없을 때보다 더 고 된가?

- 배우자의 욕구에 맞추어 스스로를 바꾸고 있다는 생각이 드는가?

이 질문에 대한 답들은 당신의 생각에 큰 도전을 던질 것이고, 나아가 다음에 어떤 행동을 할지 결정하는 데 도움을 줄 수 있다. 대부분의 사람들은 상대방으로부터 무언가를 얻기 때문에 관계를 이어간다. 예를 들면 애정, 친밀감, 돈, 권력, 자녀, 여태까지 함께 쌓아온 시간, 사랑, 그리고 부정적인 변화를 알아차리지 못하는 능력 같은 것이다. 우리가 그 사람 곁에 머무르는 것은 상황이 바뀔 거라는 생각에 사로잡혀 있기 때문에, 혹은 내가 이런 행동을 하면 이런 일이 일어나리라는 기대 때문이다. 관계를 이어가고자 하는 이유가 무엇이건 간에, 혼자 깊이 생각하는 시간을 가진 뒤 이 사람 곁에 머물 가치가 있는지, 떠나는 게 나은지 결정해야 한다.

관계를 더 나은 방향으로
바꾸는 방법

관계를 끝내는 대신 한 번 더 노력하기로 마음먹었다면, 지금까지 당신이 시도해보지 않았을 일들을 몇 가지 알려주겠다. 지금부터 이야기하는 방법들이 크게 도움이 되지 않는다면 전문가의 심리치료를 받는 것이 최선일 수도 있다. 하지만 관계를 다시 건강하게 만들려면 두 사람 모두의 노력이 필요하다. 당신 스스로, 그리고 서로가 에너지를 어느 정도 쏟아야 건강한지도 정해야 한다. 두 사람 모두 다시 서로를 알아가는 데(사람들은 시간이 지나면 변하므로) 전념해야 하며, 시간을 들여 원칙, 타협, 동기, 욕망을 나누어야 한다. 관계에서 이런 측면들이 사라졌다면 긍정의 힘으로 되찾을 수 있는 방법들이 존재한다. 두 사람의 관계 속 존중과 사랑을 회복하기 위해 매일 무언가를 함께하는 일에 전념하자.

다음은 관계를 되돌리거나 '변화'시킬 수 있는 몇 가지 방법들이다.

1. 배우자와 대화한다.

배우자에게 당신에게 무엇이 필요한지, 무엇이 문제인지 정확히 말하고, 이런 걱정거리들을 힘을 합쳐 해결하는 것이야말로 관계를 유지하기 위해 그 무엇보다 중요한 일이다. 누군가와 함께한 시간이 길어지면 상대의 습관, 일과, 삶의 방식을 알게 된다. 그럼에도 서로의 걱정거리를 놓고 대화하는 일을 잊어버리기에 말다툼이나 의견 충돌이 벌어지곤 한다. 대화를 할 때는 차분한 말투와 낮은 어조를 사용해야 한다. 걱정거리를 잔소리처럼 늘어놓지 않고 줄곧 긍정적인 태도를 유지하도록 하자.

2. '나' 대화법

많은 경우 우리는 "네 노력이 부족해"라든지 "너는 나한테 이런 잔소리를 하게 만들어" 같은 '너' 대화법을 쓰곤 한다. 분명히 짚고 넘어갈 것은 당신이 하는 생각이나 행동은 절대 당신 배우자 탓이 아니라는 것이다. 당신은 스스로 생각하는 존재이고, '너' 대화법은 상대를 탓하거나 괴롭히는 것처럼 느껴질 수 있다. 대화에서 적대감을 없애려면 "내가 상처받은 건 ○○○ 때문이야"라든지 "나는 ○○○ 때문에 속상해" 같은 '나' 대화법을 연습하자. 배우자 때문에 어떤 감정이 드는지 이야기할 때, 같은 문장 안에서 상대가 이 상황을 바꾸기 위해 할 수 있는 일도 함께 말해주자. 예를 들면 이런 식이다. "당신이 외출한 뒤에 연락이 없으면 난 존중받지 못한다는 기분이 들어. 다음에는 전화를 하거나 내 문자 메시지에 답장해줬으면 좋겠어."

3. 일관성을 유지한다.

문제가 있다면 대화를 한 다음 해결책을 생각해야 한다. 관계 속에서 정확한 선을 긋고 새로운 '규칙'을 만든 다음에는 이를 유지하자. 배우자가 당신을 존중하지 않았다면 상대에게 그때의 대화를 상기시켜주는 한편, 당신이 실수할 때도 마찬가지로 지적해달라고 부탁하자. 관계에 변화를 일으키려면 두 사람 모두가 애써야 하고, 관계를 건강하게 회복하려면 더 큰 노력이 필요하다.

4. 최선의 자기 자신이 된다.

자신의 욕망, 욕구, 감정을 관리할 수 없다면 배우자와의 관계에도, 이 관계에 필요한 것들에도 집중할 수 없다. 그러므로 이 책에 나온 모든 기술들을 연습하면서 대화를 할 때마다 그 기술들을 실행해서 더 행복하고, 건강한 사람이 되자. 사랑하는 사람들과 함께일 때라도, 당신이 될 수 있는 최선에 못 미치는 모습으로 만족해선 안된다.

5. 함께 시간을 보낸다.

관계란 그저 싸우면서 점점 서로에 대해 알아가는 것 그이상이다. 물론 서로에게 화를 내기도 하고 의견 충돌도 생기겠지만, 아무리 힘든 시절이라 할지라도 싸움 없이 함께 보내는 오붓한 시간이 늘어날수록 관계는 점점 더 건강해진다. 오붓한 시간이란 휴대폰처럼 정신을 산만하게 하는 것들을 치워놓고 단둘이 대화하는 시간이다. 함께 카드놀이를 하고, 벽난로 앞에 앉아 시간을 보내거나, 저녁 산책을 해보자. 오래전 함께 해보고 싶었던 일들을 하며, 한동안 하지 않았던 일을 하거나 처음 만났던 시절에 있었던 일들을 회상하며 관계에 다시 불꽃을 틔워보자.

6. 스킨십은 필수다.

오붓한 시간뿐 아니라 스킨십 역시 꼭 필요하다. 신체 접촉이 행복한 감정을 느끼게 하는 엔도르핀을 분비한다는 사실은 여러 연구를 통해 증명된 사실이다. 먼저 공공장소에서 손을 잡는다든지, 서로를 지나칠 때 어깨나 등을 어루만지는 것부터 시작해보자. 그다음 단계는 소파에서 (성관계 없이) 꼭 끌어안고 있는 것이다. 성관계가 아닌 신체 접촉은 어떤 관계에서건 긍정적 영향을 불러온다. 그러다 적절한 순간이 오면 한 발짝 더 나아가서 보다 성적인 접촉을 시도해본다.

7. 의사소통의 힘을 배운다.

의사소통은 우리가 하는 모든 일과 떼려야 뗄 수 없다. 싸울 때 우리는 기분이 나빠지고, 웃을 때는 행복해진다. 우리가 말하고, 듣고, 반응하는 방식 모두가 대화가 끝날

때 우리가 느끼는 기분이 긍정적인지 부정적인지를 결정하게 된다. 때로는 아무 말도 하지 않는 게 나을 때도 있다. 침묵 역시 큰 소리를 낼 수 있기 때문이다. 의사소통 기술이 담긴 책을 읽어보거나 전문가와의 상담을 통해 배우자와 소통하는 방법들을 알아보고, 상대도 그렇게 할 수 있도록 하자.

8. 자신의 가치관에 솔직해진다.

중요한 사람과의 관계일수록 서로가 중요하게 여기는 것들을 공유해야 한다. 당신이 결코 타협할 수 없으며 그럴 생각이 없는 절대적인 가치들, 그리고 아직은 불확실한 가치들을 목록으로 작성해보자. 이 목록을 살펴보며 당신의 핵심 가치가 무엇인지를 알고, 이런 요소들은 넘어서는 안 되는 선이라는 사실을 배우자에게도 전달하자. 이렇게 하면 스스로에게 솔직한 동시에, 타협할 수 없는 상황이 일어났을 때 관계를 유지해야 할지 아닐지 알 수 있다.

9. 배우자의 말에 귀를 기울인다.

의사소통 수업에서는 듣는 것 역시 말하는 것만큼 중요하다고 가르친다. 배우자의 욕망과 욕구에 대한 이야기를 들을 때는 전적으로 귀를 기울이자. 즉, 음악, TV, 바깥 소음처럼 주의를 산만하게 하는 것들은 전부 차단해야 하다는 뜻이다. 이런 대화는 정신없이 바쁜 일과 속에서가 아니라 조용한 장소를 찾아간 뒤에 해야 한다는 사실을 잊지 말자. 이렇게 하면 배우자가 하고자 하는 말을 듣고 또 이해하려 노력할 수 있다. 잘 듣는 것이야말로 의사소통을 잘하기 위한 효과적이고 꼭 필요한 단계다.

10. 서로 바라는 것을 말한다.

관계가 무너지고 있다(또는 잘 진행되고 있다)는 사실을 파악한 뒤에는 배우자에게 당신이 바라는 것을 전달해야 한다. 상대가 기대하는 것이 무엇인지를 물어보고, 당신은 다음에 어떤 일이 일어나기를 바라는지를 말해주자. 남의 마음을 읽을 수 있는 사람은 아무도 없다. 바라는 바를 배우자에게 잘 전달하면 관계가 크게 개선될 수 있다. 어쩌면 상대도 한동안 속마음을 숨기고 있었을지 모른다. 편견 없는 열린 마음으로 상대가 하고 싶은 말을 들어준다면 두 사람이 함께 어떤 노력을 하면 좋을지 서서히 알아갈 수 있을 것이다.

7단계

미루기의 악순환
벗어나기

· · ·

게으름은 즐겁지만 괴로운 상태다.
우리는 행복해지기 위해
무언가를 하고 있어야 한다.

마하트마 간디

미루는 습관에 대한 이야기가 나오면 누구나 공감한다. 미루고 싶은 충동을 거부할 수 있는 사람은 아무도 없으니까. 누구나 살면서 적어도 한두 번은 할 일을 미룬 적이 있었을 것이다. 마감을 지키지 못하면 불안감이 머리끝까지 차오르고, 최대한 빠른 시일 내에 프로젝트를 완수해야 한다는 압박을 받는다. 그러나 마음속 깊은 곳에서는 할 일이 너무 많아 도저히 끝낼 수 없다는 걸 안다. 그럼에도 당신은 노력한다! 일을 미루면 삶이 괴로워지기에, 미루는 게 습관이 되지 않도록 노력하자.

일을 미루는 습관을 고치고 싶지만 방법을 몰라 고치지 못하는 사람들도 있다. 또, 이런 습관을 고칠 동기부여를 받지 못하는 사람들도 있다. 나도 안다. 엄청나게 답답하겠지. 그런데 할 일을 미루게 하는 요인은 사람마다 다르다.

작가가 의뢰받은 원고를 미룬다면 그 원고를 완성하기

위해 밤낮으로 글을 써야 할 것이다. 학생이 숙제를 미루면 마지막 순간에 마치게 될 것이다. 운동선수가 눈앞의 경기에 너무 집중하면 당장 필요한 치료를 미루게 될 것이다.

이 예시들을 잘 보면, 예시에 등장한 모든 사람들은 해야 할 일을 미룬 탓에 영향을 받게 된다는 걸 알 수 있을 것이다. 예를 들면, 운동선수는 부상을 즉시 치료하지 않은 탓에 여러 가지 심각한 문제를 해결해야 할 것이다. 뿐만 아니라 이 때문에 생기는 감정적인 문제도 생겨날 것이다.

이 단계에서는 미루는 습관을 극복하기 위해 매일 할 수 있는 실천 몇 가지를 알려주고자 한다. 때로 조금 게으르고 의욕이 없더라도, 이 방법들은 미루는 습관을 이겨내는 데 도움이 될 것이다. 아래에 소개하는 실천 방법들을 읽기 전, 먼저 이 중에서 어떤 방법을 택해도 상관없다는 점을 마음에 새기자. 즉, 아래에 나오는 모든 습관을 모두 가져야 할 필요는 없다는 뜻이다. 그러면, 이제 시작해보자!

미루기를 멈출
5가지 전략

1. 잠재적인 긴급 상황에 대한 해결책을 찾는다.

미루는 습관은 그저 나쁜 것이 아니라 위험한 습관이다. 미루는 습관이 건강에 엄청난 영향을 미칠 수도 있다. 심지어 가족 구성원과의 중요한 유대관계를 잃게 되는 때도 있다. 가족의 눈에 당신이 자신들에게 조금도 신경 쓰지 않는 사람인 것처럼 보일 수도 있다. 살다 보면 죽음, 질병을 비롯해 예기치 못한 일들을 최우선적으로 다루어야 하는 상황들이 생긴다. 이런 것들은 절대 미적거려서는 안 되는, 당장 해결해야 하는 일들이다. 이런 때는 계획된 모든 작업을 취소해야 한다. 또, 가족에게 큰일이 생겨서 무시무시한 상황이 벌어질 수도 있는데, 이런 일을 그저 외면하고 일을 하러 가는 것 역시 곤란하다. 긴급 상황은 예고 없이 일어나기 때문에 이런 상황이 만들어내는 장해물 역시 참고 견뎌야 한다. 그렇다면 긴급 상황은 어떻게 피할 수 있을까? 하던 일을 다 내팽개치고 문제를 해결해야 하나? 그런데, 이미 할 일이 밀려 있다면, 이렇게 급한 상황이 발생했을 때 어떻게 해결할 작정일까? 긴급 상황을 나 몰라라 한다면 어떤 일이 일어날까?

긴급 상황을 해결하려면 지금 눈앞에 닥친 상황을 선명하게 이해해야 한다. 긴급 상황을 외면했을 때 생길 수 있는 후폭풍을 생각해보아도 좋다. 아니면 이 긴급 상황과 연관된 사람들을 떠올리고, 당신이 이 상황을 외면했을 때 그들이 어떤 기분을 느낄지 생각해보아도 되겠다. 이 갑작스러운 사태를 해결하고 다시 하던 일로 돌아가려면 어떤 행동을 해야 할까? 아니면 목숨을 위협하는 긴급 사태도 아니니 내버려둘 수도 있을까?

더 깊이 들어가기 전에 한마디 하고 싶다. 가족에게 시간을 내주기도 어려울 정도로 열심히 일을 하고 있다면 당신은 삶의 수많은 좋은 것들을 놓치고 있으며 균형이 깨져 있는 상태다. 당신은 당신 삶을 살아가고 있지 않다. 스마트 워킹smart working이라는 개념을 고려하기 시작해야 하는 것은 여기서부터다. 우리는 너무 바쁜 나머지 곁에 있는 사람들을 잊기 쉽다. 또, 중요하지 않아 보이는 긴급 상황을 미뤄두기도 쉽지만, 이런 긴급 상황이 실제로 심각한 상황으로 바뀌기도 한다. 물론, 너무 바빠서 중요한 일에 쓸 시간조차 없을 수도 있겠으나, 이는 우선순위 정립의 문제다.

사랑하는 사람의 삶에 영향을 미칠 만큼 가치 있는 프로젝트, 일정, 미팅 같은 건 존재하지 않는다. 나는 긴급한 일이 일어나면 다른 일은 멈추라고 말하고 싶다. 미루는 습관은 꼭 일뿐 아니라 삶에도 적용되기 때문이다. 긴급 상황을 즉시 해결하고 나면 최악의 상황을 마주하는 일을 막을 수 있다.

보통 우리는 미루는 습관이 오로지 일을 미루는 것에만 해당된다고 생각한다. 하지만 내가 여기서 지적하고 있는 문제 역시 당신이 숙고해보기를 바란다.

일에 관련된 활동들을 잘 정리해서 마감 전에 완수했다면, 또는 일의 절반을 이미 마무리해놓은 상태라면, 예기치 못한 우선순위가 생긴다 해도 삶에 그리 큰 영향을 미치지는 않을 것이다. 정돈된 상태를 유지하는 것, 그리고 삶의 우선순위를 정립하는 것이 중요하다는 사실이다.

2. 하루하루를 검토한다.

미루는 습관을 피할 수 있는 또 하나 좋은 방법은 매일 하루를 돌아보며 그날을 검토하는 것이다. 하루에 10분이라는 시간을 투자하면 일이 어느 정도 진행됐는지를 평가할 수 있다. 또, 이런 검토를 통해 오늘 하루의 우선순위를 알 수 있을 것이다. 그러고 나면 단기 목표에 큰 영향을 미치는 작업들을 분석할 수 있다. 검토 시간을 단순하게 만들려면 Q&A 형식도 좋다. 참석해야 할 미팅은 무엇 무엇이 있나? 오늘 답장해야 할 이메일이 남아 있는가? 오늘 수정해야 할 문서가 있는가? 당신이 배정해놓은 것보다 더 시간이 걸릴 만한 약속이 있는가? 조금 더 주의를 기울여야 하는 작업은 무엇인가?

마찬가지로 이런 Q&A 시간은 하루의 얼개를 파악하는 데도 중요하다. 하지만 꼭 내가 앞에서 예시로 든 질문들을 고수할 필요는 없다. 직접 Q&A를 만들어서 그대로 따르면 된다. 이렇게 하루를 검토하면 당신의 하루가 어떻게 이루어져 있는지를 이해할 수 있게 된다. 그러면 길을 벗어나지 않으면서 더 많은 시간이나 빠른 답변이 필요한 작업이 무엇인지 알 수 있다. 그렇기에 일을 미루면 목표에 부정적인 영향을 미친다는 사실을 깨닫고 미루는 습관을 그만둘 수 있게 될 것이다.

3. MIT: 가장 중요한 작업the Most Important Tasks

터져나갈 것처럼 꽉꽉 찬 할 일 목록과 함께 하루를 시작한다면 미루는 습관을 없애기가 참 힘들 것이다. 제시간에, 정확하게 일을 마치고 싶다면 할 일 목록을 단순하게 만들어야 한다. 그런데 그러려면 어떻게 해야 할까? MIT, 즉 가장 중요한 작업에 집중한다면 상당히 쉽다. 장기 목표에 상당한 영향을 미칠 작업을 우선하는 것이다. 수많은 생산성 전문가들이 추천하는 기법이기도 하다.

오늘 밤까지 끝내야 할 가장 중요한 3가지 일을 선택해보자. 마감일이 얼마 남지 않은 작업 2가지, 그리고 장기목표에 영향을 미칠 1가지를 선택하는 게 더 좋다. MIT라는 개념을 잊지 않는다면 미루는 습관을 고칠 수 있을 것이다. 가장 중요한 2가지 활동을 먼저 완수하고 나면 그날 안에 다른 활동들을 하는 데도 관심을 돌릴 수 있다. 미루는 습관을 고치려면 무척 강한 동기부여가 필요하다는 점을 잊지 말자.

4. 아이젠하워 매트릭스Eisenhower Matrix

생산적으로 살고 싶지 않은 사람이 있을까? 계획한 대로 일이 흘러가면 기뻐하지 않을 사람이 누가 있겠는가? 그러나 때때로 일이 계획대로 되지 않을 때가 있다. 당신 역시 나처럼 긴급 상황과 변동 사항이 끝도 없이 생겨나는 삶을 살고 있다면, 빠른 결정을 내리는 능력을 반드시 길러야 한다.

빠른 결정을 내리는 데는 아이젠하워 매트릭스의 도움이 필요하다. 이 개념을 만들어낸 미국 전 대통령 드와이트 데이비스 아이젠하워Dwight Davis Eisenhower는 한때 군 장교였고, 그것이 그가 이 개념을 만든 이유이기도 하다. 군인으로 살다 보면 모든 게 언제나 계획대로 되지 않는다. 갑작스럽고 중요한 변화들이 생긴다. 이때 아이젠하워 매트릭스가 가이드라인이 되어주었다.

아이젠하워가 군대에서 이 기법을 사용했다면 우리 역시도 같은 기법을 통해 미루는 습관을 고칠 수 있다. 아이젠하워 매트릭스에서는 사분면이라는 개념을 사용하는데 매일 해야 할 일을 4개의 사분면에 배정하고 이에

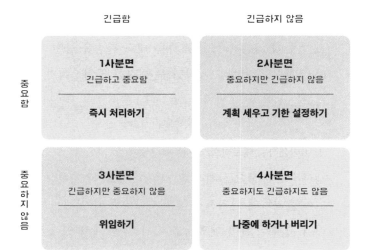

	긴급함	긴급하지 않음
중요함	**1사분면** 긴급하고 중요함 ――― **즉시 처리하기**	**2사분면** 중요하지만 긴급하지 않음 ――― **계획 세우고 기한 설정하기**
중요하지 않음	**3사분면** 긴급하지만 중요하지 않음 ――― **위임하기**	**4사분면** 중요하지도 긴급하지도 않음 ――― **나중에 하거나 버리기**

따라 일을 수행하는 것이다. 그러면 아이젠하워 매트릭스의 각 사분면을 자세히 설명해보겠다.

1사분면 : 긴급하고 중요한 일
여기에 위치하는 일들은 다른 작업보다 훨씬 중요하고 당신의 커리어 목표에 직접적으로 영향을 미치기에 가장 먼저 완료해야 하는 일이다. 또, 긴급한 일이기 때문에 곧바로 처리해야 한다. 1사분면의 작업들을 완료하면 부정적 결과를 피할 수 있다. 1사분면의 일을 다 끝낸 뒤에는 다른 작업들에 집중할 수 있다. 예를 들면, 오늘까지 제출할 프로젝트가 있는 경우 그 프로젝트는 긴급하면서도 중요하기 때문에 온 정신을 이 일에 쏟아야 한다.

미루기의 악순환 벗어나기

2사분면 : 중요하지만 긴급하지는 않은 일

2사분면에 위치하는 일들은 중요하지만 긴급하지는 않다. 큰 영향을 미칠 수는 있지만 1사분면에 위치한 작업들처럼 시간에 민감한 일은 아니다. 1사분면과 2사분면을 비교해보면 그 차이점을 분명하게 알 수 있다. 통상적으로 2사분면에는 장기 목표나 인생 목표에 큰 영향을 미치는 일들이 들어간다. 맞다, 당연히 더 많은 시간과 관심을 들여야 하는 일들이다. 그럼에도 당신은 2사분면의 일들은 나중에 해도 된다는 생각 때문에 자주 하지 않는다.

그래서 당신은 다른 사분면에 위치한 일들에 집중할 것이다. 하지만 그런 실수를 해서는 안 된다. 단기 목표는 장기 목표를 위해 존재하는 것이기 때문이다. 예를 들면, 건강은 중요한 요소이기 때문에 건강관리에 충분한 시간을 쏟지 않는다면 나중에 후회하게 될 것이다. 하지만 바쁜 일과 속에서는 2사분면에 들어가는 일에 소홀하기 쉽다. 특히 2사분면에 위치한 일에 대해서는 그 누구에게도 응답할 의무가 없기에 그러하다. 그러니 계획을 세우고 기한을 설정하여 다뤄야 한다.

3사분면 : 긴급하지만 중요하지는 않은 일

3사분면에는 중요하지만 그렇다고 반드시 시간을 써야 하는 것은 아닌 일들이 들어간다. 3사분면의 일은 자동화시키거나 타인에게 위임할 수 있는 일이다. 그리 중요한 작업이 아니므로 위임해도 괜찮다. 이 작업들은 종종 제3자로부터 전달받은 일로, 장기 목표에 직접 영향을 미치지 않는다. 그러나 3사분면의 일을 처리할 때는 위임할 작업들을 메모해두어야 한다. 예를 들면, 시간 내에 끝마치는 것이 중요한 프로젝트를 처리하고 있는데 전화벨이 울린다면 전화를 받느라 정신이 분산될 수 있다. 심지어 이 전화가 중요한 전화가 아닐 때도 있다. 이런 활동들은 타인에게 위임할 수 있다. 심지어 급한 전화라 할지라도 잘 처리해줄 수 있는 다른 사람에게 할당할 수 있다. 이런 과정을 통해 하루를 잘 관리할 수 있을 것이다!

4사분면 : 중요하지도 긴급하지도 않은 일

4사분면을 차지하는 일들 속에는 피하는 게 좋은 작업들이 해당된다. 불필요하게 시간을 낭비하게 하는 일들이다. 4사분면의 일에 시간을 **전혀** 쓰지 않는다면 2사분면의 일을 하는 데 더 많은 시간을 쓸 수 있을 것이다. 이제는 당신도 4사분면에 어떤 작업들이 들어가는지 알 수 있을 것이다. TV 보기, 인터넷 서핑, 게임하기 같은 활동들이다. 그렇다면 4사분면의 작업들을 완전히 없애야 하는 걸까? 아니, 그렇지 않다! 그래서는 안 된다. 생활의 균형을 잡지 않는다면 건강하게 일하기 힘들 수 있으니까. 4사분면의 일들은 5분간 휴식할 때나 일에서 한 발짝 떨어지고 싶을 때 도움이 된다. 하지만 생산성을 발휘하고 싶을 때는 아예 마음에서 지워도 되는 작업들이다.

아이젠하워 매트릭스를 삶에 적용하려면 우선 종이나 일기장에 가로 4칸, 세로 7칸으로 이루어진 표를 하나 그려보면 된다. 그다음에 세로 열에는 요일, 가로 열에는 각 사분면을 표시한다. 표가 준비되었다면 이제 당신의 일주일을 분석해본다. 그러나 아직은 표에 아무 것도 쓰지 않는다. 하루를 시작하기 전에 생각하고, 다시 한 번 분석한 다음 아이젠하워 매트릭스에 따라 작업을 할당한다. 새로운 일이 생기면 우선 시간을 들여 이 작업의 속성을 분석한 다음 이에 맞는 사분면에 분류한다.
이렇게 일주일을 보낸 뒤에는 표를 보면서 얼마나 효율적이고 생산적이었는지를 평가해본다. 첫 시도로 그렇게 놀라운 결과를 얻을 수는 없을지 모르지만, 포기하지 말자. 계속 노력하면 어느새 자신도 모르게 중요하고 긴급한 일에 더 많은 시간을 쏟고 있음을 알아차릴 테니까. 아이젠하워 매트릭스 기법을 꾸준히 활용하면 매일 하는 일들을 구조화할 수 있고, 당신이 성공하는 데도 점점 큰 도움이 될 것이다!

5. 빠르게 처리한다.

때로 그리 시간이 들지 않는, 5분도 안 걸리는 일을 미룰 때가 있다. 예를 들면 저녁을 먹은 다음 식탁을 치운다거나, 이메일을 보낸다거나, 잠옷을 갈아입는 일조차 미루기도 한다(이건 게으름이다). 시간이 걸리지 않는 이런 일들을 미루게 되는 것은 당신이 자신을 너무 바쁘다 여기기 때문이다.

당신은 스스로에게 할 일이 너무 많다고 말하며 빠르고 사소한 작업들을 미루곤 한다. 그러나 사소한 일을 미루면 점점 쌓여서 결국 엄청난 양의 일을 해야 한다는 것이 문제다. 당장 행동하지 않으면 결국 휴가 동안 처리할 일이 늘어난다. 사소한 일을 빨리 끝내면 일들이 누적되어 더 큰일이 되지 않게 막을 수 있다. 사소한 일들을 빨리 처리하고자 한다면 두 가지 방법을 고려해볼 수 있다.

반드시 따라야 하는 규칙 중 하나는 바로 '2분의 법칙'이다. 기껏해야 2분 걸리는 작업이라면 미루는 대신 해버리는 게 낫지 않나? 그러므로 사소한 작업이 생기면 우선 2분 이상 걸리는 일인지 생각해보자. 그렇지 않다면 곧바로 처리하자. 이 습관을 쭉 유지한다면 부정적 습관이 상당히 사라진 기분이 들 것이며 중요한 일에 더 많은 시간을 쓸 수 있다. 뿐만 아니라 더욱 정돈된 사람이 된 것 같고, 예전보다 더 많은 것들을 이뤄낸 기분이 들 것이다. 반면, 5분 이상 걸리는 작업이라면 이 일을 처리할 일정을 따로 마련해야 한다.

두 번째 규칙은, 무슨 일이든 한 번에 한 가지씩 하라는 것이다. 예를 들어, 이메일을 받고 답장을 해야 하는데 미루고 있다고 생각해보자. 하지만 나중에 답장을 하려면 이메일을 상세한 내용을 다 잊어버린 상태이기 때문에 결국 이메일 전체를 다시 한번 읽어봐야 한다. 이렇게 단순한 작업을 엄청난 고통으로 만드는 대신 그저 간단하게 해결해버리자. 일을 미룬 결과를 분명하게 예상한다면 필요한 조치를 취하게 된다. 예를 들면, 설거지를 미루는 대신 곧바로 해버리는 것이다. 이와 마찬가지로 당장 끝내버릴 수 있는 짧은 작업들이 아주 많다.

지금까지 설명한 개념들을 따르면 사소한 일들을 빠르게 처리하고 미루는 습관을 극복할 수 있다. 뿐만 아니라 미루는 습관에 따라오는 스트레스 역시도 완전히 없애버릴 수 있다.

이 단계에서는 미루는 습관을 없앨 수 있는 방법들에 관해 이야기했다. 할 일을 미룬다고 해서, 스스로를 걱정하거나 나쁘게 생각하지는 않아도 좋다. 우리 모두 살면서 한 때는 미루는 사람이 될 때가 있다. 또, 누구나 노력하면 미루는 습관을 이겨낼 수 있다! 지금까지 현실에 적용할 수 있는 도움말을 알려주었으니, 활용해보고 변화가 생기는지 살펴보자.

당신은 당신이 생각하는 것보다 강하다. 그러니 미루는 사람이 될지 생산적인 사람이 될지를 결정하는 것 역시 오로지 **당신의** 몫이다.

부록

모든 것이
수포로 돌아갔을 때

(다시 생각 끄기 연습)

· · ·

우리가 반복적으로 행하는 것이 우리 자신이다.
그렇다면 탁월함은 행동이 아닌 습관인 것이다.

아리스토텔레스

여기서는 이 책에서 지금까지 이야기한 것들을 요약하고 시행해보도록 한다. 궤도를 이탈했을 때, 어둡고 힘겨운 나날을 도와줄 무언가가 필요할 때를 위한 짧은 안내서라고 생각하면 된다.

나쁜 습관이
되돌아왔다면

할 수 있는 모든 것을 했다고 가정하자. 이 책에서 소개한 기술들을 빠짐없이 실행했는데, 갑자기 모든 게 무너지고 만 것이다. 부정적인 사고 패턴이 돌아왔고, 또다시 걱정과 과잉사고에 빠져들고 말았을 때, 지금 당장 일으켜줄 무언가가 필요하다. 간단한 3단계로 제자리로 돌아가는 법을 알아보자.

1. 문제를 파악하고 근본적인 원인을 알아낸다.

보통 새로운 일을 하고자 할 때면 시간이 지남에 따라 예전 습관이 다시금 우리의 삶에 스며들어 기존의 관성으로 돌아갈 때가 많다. 이는 우리가 문제의 근본 원인을 찾지 못해서다. 자신의 트리거를 찾아 문제의 뿌리를 다시금 식별해보자. 다음은 당신을 궤도에서 이탈하게 만드는 트리거의 예시다.

- 변화와 관계로부터 오는 스트레스
- 진전이 없어 생기는 따분함
- 만성질환이나 부상
- 이사나 휴가 등 환경의 변화
- 너무 많은 일을 너무 빠르게 처리함

예전 습관이 스멀스멀 돌아오는 것을 피하려면 '혼자만의 시간'을 가지면서 실패의 원인을 생각해봐야 한다. 또, 이런 일을 실패라고 받아들이기보다는 자신을 더 많이 이해하고 다시 시작할 기회라고 생각해보자.

2. 긍정적 습관 훈련을 실행해서 행동을 새로 시작한다.

기본으로 돌아가서, 과잉사고는 아무런 도움이 되지 않으며 당신을 비생산적으로 만들 뿐이라는 사실을 다시 한번 떠올리자. 머릿속의 생각을 무시하기보다는 인정하고 그 생각이 그 자리에 존재한다는 마음챙김을 수행하자. 걱정 시간을 만들고 그 시간 동안에 해결할 걱정을 글로 써보자. 명상을 하고, 한동안 운동을 소홀히 했다면 시간을 들여 운동도 해보자. 이런 일들을 천천히 해나가다 보면, 두뇌는 지금까지 만들고자 애썼던 습관을 기억해내 다시금 사고 패턴에 도전하는 궤도 위로 당신을 되돌려놓을 것이다. 회복하고 나면 다시금 돌아가서 작은 목표들을 설정하고 목표를 이룰 때마다 스스로에게 상을 주자.

3. 새로운 접근법을 취한다.

이 책에서 말한 모든 행동 방식이 모두에게 잘 맞는 것은 아니다. 그러니 자신에게 더 잘 맞는 접근법을 찾자. 만약 저녁 식사 직후인 오후 6시경에 걱정 시간을 만들었다면, 저녁 식사 전인 오후 3시쯤으로 시간을 바꾸어보자. 아침에 눈을 떠서 운동을 하고 그 뒤에 샤워를 하는 루틴 때문에 온종일 시간에 쫓기게 된다면, 운동 시간을 잘 준비를 하기 전으로 옮겨보자. 다른 접근법을 통해 당신의 일정에 가장 잘 맞는 방식을 찾게 되면 궤도를 이탈하더라도 더 쉽게 돌아올 수 있다.

5분 만에 불안과 걱정을
잠재우는 법

불안을 비롯한 기분장애 때문에 예전의 습관이 다시금 수면 위로 올라오는 경우는 흔하다. 이는 불안이 우리에게 익숙하고 '안전한' 일을 하게 만들기 때문이다. 불안은 변화를 좋아하지 않으므로, 불안에 굴복하게 되면 앞으로 나가는 대신 자꾸만 뒷걸음질 치게 되고, 그래서 끊임없이 다시 시작해야 하는 것만 같은 기분이 들 수 있다. 불안을 극복하는 법은 마음을 빠르게 다스리는 법을 배우는 것과 같다. 지금부터 그 방법들을 알아보자.

1. 5-5-5 게임

5-5-5 게임은 그라운딩grounding 기법이다. 방 안을 둘러보며 눈에 보이는 사물 5가지를 생각하자. 눈을 감고, 심호흡을 한 다음, 귀에 들리는 5가지 소리를 생각하자. 그대로 눈을 감거나 다시 눈을 뜬 다음 5개의 신체 부위를 움직이고 그 부위들의 이름을 생각해보자. (예를 들면, 손목을 움직이며 소리 내어 "손목"이라고 말하고, 발가락을 움직이며 소리 내어 "발가락"이라고 말한다.) 마음이 진정될 때까지 이 기법을 여러 번 반복한다. 마치 태어나서 세상을 처음 보고, 듣고, 또 몸을 움직이는 것처럼 현재에 온전히 존재하자.

모든 것이 수포로 돌아갔을 때

2. 간단한 운동

제자리 뛰기, 원을 그리며 돌기, 스트레칭, 빠르게 걷기, 얼굴 근육 움직이기, 신체의 여러 부위를 움찔거리기, 춤 추기처럼 몸을 움직이는 행동들을 해보자.

어떤 운동이든 상관없다. 주변 환경을 바꿀 수 있게 가벼운 조깅을 하거나 빠른 걸음으로 산책해도 좋다.

불안감 때문에 분비된 아드레날린을 극복하기 위해서 약간의 운동을 해야 하는 경우가 있다. 운동을 하는 동안에는 다리에 힘이 없다거나 손끝이 찌릿한 감각에 주의를 집중하자. 이런 감각을 극복하면 두뇌는 불편한 감정을 건강하게 극복하는 방법을 학습하게 된다.

3. 목에 차가운 천 감기

차가운 천을 목에 감거나, 얼음을 손에 쥐거나, 찬물 샤워를 하면 충격 요법으로 불안감을 신체에서 없앨 수 있다. 때로는 몸에 짧은 충격을 주기만 해도 불안이나 걱정으로부터 주의를 돌릴 수 있다.

4. 불안감에게 질문 던지기

공황에 사로잡히기 전 잠시 시간을 들여 당신의 생각을 들여다보라. 그리고 질문을 던져본다. 불안을 유발하는 요인은 무엇일까? 이 사고는 어떤 인지왜곡에 속하나? 이 불안감을 곧바로 해결할 수 있는 스스로의 능력을 과소평가하고 있는 것은 아닐까? 이 불안감이 거짓 정보는 아닐까? 내가 할 수 있는 일은 무엇일까? 지금 일어날 수 있는 최악의 사태는 무엇일까? 잠시 멈추고 이 질문에 빠짐없이 대답해본다면 당신의 정신이 신체에 부정적 증상을 보내는 동시에 이 질문에 대한 답변을 생각할 수 있을 정도의 주의 집중 시간이 없다는 사실을 알 수 있을 것이다. 그렇다면 조금 더 침착한 기분이 들 것이다. 모든 질문에 답하고 나면 잠시 제자리에 앉아 호흡에 주의를 집중하고 유념해보자.

부정적 사고에서
빨리 탈출하는 법

당신의 사고 패턴이 긍정적 요소를 모두 압도해버리고, 자꾸만 부정적 사고로 둘러싸인 무의미한 정신의 소음에 시달린다면 다음 방법들을 통해 얼른 빠져나가보자.

1. 끊어낸다.

이때는 빠른 행동이 필요하다. 부정적인 생각을 하고 있음을 알아차리는 즉시 그 생각들을 끊어내자. 속으로 "그만!"이라고 외치거나, 입 밖에 내어 말해도 좋다. 부정

모든 것이 수포로 돌아갔을 때

적 사고에서 관심을 끊어야 한다. 반박하지도 스스로를 방어하지도 분석하지도 않아야 한다. 그저 처음부터 부정적 사고가 존재하지 않았던 것처럼 끊어내자. 곧장 다른 생각을 하거나 일어나서 다른 일을 해보자. 부정적 사고에 더는 귀를 기울이지 않을 수 있도록 주의를 분산시킬 만한 것들을 찾자.

2. 생각을 분류한다.

생각을 끊어내는 게 어렵다면 분류를 해보자. 지금 하는 생각이 부정적이라는 것을 인정하고, 생각은 생각일 뿐이라고 스스로에게 말해주자. 이 생각에 관심을 기울일지, 무시해버릴지는 당신의 선택이지만, 그 어느 쪽이건 간에, 생각은 생각일 뿐이고 당신의 행동을 정의할 수는 없는 것이므로 굳이 어떤 행동을 취할 필요는 없다. 부정적 생각은 당신이 그 생각에게 당신의 행동을 지시할 통제력을 주지 않으면 아무런 힘도 없다. 중요한 것은 우리가 사고에 어떻게 맞서는가가 아니라, 그 사고에 어떻게 반응하는가다. 부정적 사고가 떠올랐을 때 아무 일도 하지 않으면 다시 통제력을 되찾을 수 있다. 그러니 자신에게 이렇게 말해보자. "이건 그저 부정적 사고에 불과할 뿐, 내가 무슨 행동을 해야 하는 건 아니야."

3. 생각을 과장한다.

애초에 했던 생각을 단순히 과장하는 것만으로도 부정적 사고를 통제할 수 있다. 예를 들면, 무언가를 배우려 애를 써도 전혀 이해되지가 않는다고 상상해보자. 몇 시간이나 매달린 끝에 당신은 자신도 모르게 '아무리 애써도 소용없어. 난 멍청하니까 절대 이해할 수 없을 거야' 하고 생각하게 된다. 이 생각이 부정적인 사고임을 인정한 다음 이 생각을 어처구니없을 정도로 과장해서 우스꽝스럽게 만들어보자. '맞아. 사실 난 진짜 멍청해서 아무리 노력해도 전구 하나 갈아 끼우지 못할 정도야. 또 난 바보니까 모두가 그 사실을 알고 날 비웃게 될 거야. 다 웃고 나면 나도 비웃음을 당할 이유를 만들어주고 말겠어. 캥거루처럼 펄쩍펄쩍 뛰고 당나귀처럼 고함을 지르다 보면 모두가, 나까지도 웃겠지. 그렇게 내가 얼마나 바보가 될 수 있는지 스스로에게 증명해 보이자고.' 상상력을 발휘해 이런 생각을 이어가면서 최대한 스스로를 비꼬아 보되, 지금 일부러 하는 말들을 절대 감정적으로 받아들이지는 말자. 이렇게 하고 나면 분명 불안감이 가라앉을 것이다.

4. 받아친다.

방금 이야기한 방법과는 정반대 방법이다. '난 정말 멍청해'라는 생각이 든다면 정확히 그 반대말을 해보자. 아마도 "난 이 공간에 있는 사람 중에서 제일 똑똑해" 같은 말이리라. '난 영영 잘하지 못할 거야'라는 생각이 든다면 "난 언제나 충분히 잘할 거야"라고 말해보자. '난 이걸 이해하기엔 너무 멍청해'라는 생각이 든다면 "난 이걸 이해하기엔 너무 똑똑해"라고 말하는 것이다. 부정적 사고를 너무 오랫동안 머리에 담아두면 행동에 나서기가 두려워진다. 그리고 행동하기가 두려워지면 마침내 두려움이 진짜가 되고 마는데, 신경을 너무 많이 쓴 나머지 하지 않으려 애썼던 그 일을 해버리고 말기 때문이다. 부정적 사고를 정반대 말로 받아치면 정신은 부정적 사고에 주의를 기울이는 대신 강제로 긍정적 사고를 하게 된다.

5. 긍정적 확언을 한다.

부정적 사고가 한 가지 떠오를 때마다 두 가지 긍정적 확언을 생각해보자. '난 충분히 잘하지 못해'라는 생각이 들 땐 '오늘 내가 해야 할 일을 다 해낼 수 있어서 다행이야', 그리고 '내가 아름답다는 게 다행이야, 왜냐면 내가 부정적 사고를 그냥 내버려둔다면 실제로 그런 생각들이 날 꺾어버릴 수도 있으니까'라고 생각하는 것이다. 부정적 사고 하나당 긍정적 확언을 두 가지씩 떠올리는 것은 부정적 사고보다 긍정적 사고에 더 집중하기 위해서다. 그렇게 하루가 지나면 스스로에게 긍정적인 기분을 느끼게 만든 자신이 아주 기특하게 느껴질 것이다.

예전의 습관으로 되돌아갔을 때 모든 것이 수포로 돌아
갔다고 느껴지겠지만 그렇지 않다. 그 시점에서 다시 시작하
면 된다. 당신이 연습하고 습관화하면서 쌓아둔 것들은 분명
무너지지 않았다. 다시 생각 끄기 연습을 하자.

모든 것이 수포로 돌아갔을 때

정신적 소음을 멈추는 방법들을 담은 이 책을 즐겁게 읽었으면 좋겠다. 이 책에서 다루는 부정적 사고, 과잉사고, 과도한 걱정을 해결할 수 있는 다양한 기법들은 철저한 연구를 거친 것들이고, 책에 담긴 모든 내용은 전적으로 사실이라고 장담한다. 이미 여러 전문가들이 논의하고 설명했으며, 수많은 사람들이 실천해온 것들이기 때문이다. 모두 효과적인 기법들로, 몸과 마음, 그리고 영혼을 담아 실천한다면 반드시 도움이 될 것이다.

당신이 앞으로 긍정적 사고를 쭉 연습하고, 부정적 사고와 비이성적 걱정에서 벗어날 수 있는 능력을 가질 수 있기를 진심으로 바란다. 이 책을 끝까지 읽은 당신에게 남은 조언은, 이제 앞으로 돌아가 책에서 가장 마음에 들었던 부분에 형광펜을 칠하고 책장 귀퉁이를 접어 표시해 꼭 필요한 순간 다시 찾아볼 수 있게 만들라는 것뿐이다. 그러면 앞으로 나아가다 뒷걸음질치는 순간, 당신한테 가장 큰 도움이 되었던 부분으로 돌아가 문제를 해결할 수 있을 테니까.

당신의 미래가 성공적이길, 또 건강하기를 빈다.
당신을 응원한다!

지은이

체이스 힐 Chase Hill

개인 성장과 스트레스 관리, 의사소통 기술에 대한 수많은 책을 집필한 베스트셀러 작가. 『내 머릿속 생각 끄기』는 영국과 미국 아마존에서 장기간 베스트셀러 자리를 차지하며 정신적 어려움을 겪는 사람들에게 긍정적인 반응을 이끌어냈다. 라이프 코칭에 관심이 많으며, 다양한 심리 문제의 원인과 그 배경지식들을 연구·분석하고, 자신이 경험했던 어려움과 그 극복 과정을 솔직하게 공유하면서 명확하고 효율적인 방법을 제시하는 책을 주로 내고 있다. 독자들이 즉시 실천할 수 있는 현실적인 방법들을 알려주는 이 책은 살아가는 내내 건강한 경계를 설정하고자 노력해온 그의 결실이다.

스콧 샤프 Scott Sharp

자신감, 자기계발, 심리학 분야의 전문 작가. 정신적 어려움을 겪는 사람들에게 생각과 감정을 건강하게 통제할 수 있는 실용적인 방법을 알려주는 데 큰 관심이 있다.

옮긴이

송섬별

다른 사람을 더 잘 이해하고 싶어 읽고 쓰고 번역한다. 여성, 성소수자, 노인, 청소년이 등장하는 책을 좋아한다. 옮긴 책으로 『서평의 언어』, 『벼랑 위의 집』, 『당신 엄마 맞아?』, 『번아웃의 종말』, 『빅 도어 프라이즈』, 『괜찮다는 거짓말』 등이 있다.

보이지 않는 세계가
내 세상을 망치기 전에

내 머릿속 생각 끄기

펴낸날 초판 1쇄 2023년 5월 1일
      초판 3쇄 2024년 1월 10일
지은이 체이스 힐, 스콧 샤프
옮긴이 송섬별
펴낸이 이주애, 홍영완
편집장 최혜리
편집1팀 양혜영, 장종철, 김하영, 김혜원
편집 박효주, 문주영, 홍은비, 강민우, 이정미, 이소연
디자인 윤소정, 박아형, 김주연, 기조숙, 윤신혜
마케팅 연병선, 김태윤, 최혜빈, 정혜인
해외기획 정미현
경영지원 박소현
펴낸곳 (주)윌북 출판등록 제2006-000017호
주소 10881 경기도 파주시 광인사길 217
전화 031-955-3777 팩스 031-955-3778
홈페이지 willbookspub.com
블로그 blog.naver.com/willbooks 포스트 post.naver.com/willbooks
트위터 @onwillbooks 인스타그램 @willbooks_pub
ISBN 979-11-5581-598-4 (03190)

☞ 책값은 뒤표지에 있습니다.
☞ 잘못 만들어진 책은 구입하신 서점에서 바꿔드립니다.